Klara Kirschbaum

Lapbooks im Religionsunterricht – 3./4. Klasse

Praktische Hinweise und Gestaltungsvorlagen für Klappbücher zu zentralen Lehrplanthemen

Klara Kirschbaum studierte in Karlsruhe Lehramt für die Grundschule mit den Fächern Deutsch, Religion und Sachunterricht. Sie absolvierte das Referendariat an einer Grundschule in Köln und arbeitet seitdem in Hamburg.

3. Auflage 2022

AAP Lehrerwelt GmbH
Veritaskai 3
21079 Hamburg
Telefon: +49 (0) 40325083-040
E-Mail: info@lehrerwelt.de
Geschäftsführung: Christian Glaser
USt-ID: DE 173 77 61 42
Register: AG Hamburg HRB/126335

Autorschaft: Klara Kirschbaum
Covergestaltung: TSA&B Werbeagentur GmbH, Hamburg
Illustrationen: Wibke Brandes, Bochum (Hauptillustratorin), Julia Flasche (Beeren S. 52, 78), Gisela Fuhrmann (Hebräisches Alphabet S. 7, 31, Szenen Leben Jesu S. 14, 49, Moschee von Innen S. 19, Buddah S. 22, Stupa S. 22, Tempel S. 22), Barbara Gerth (Faltanleitung S. 18, Blatt S. 52, 78, Jesus am Kreuz S. 49), Petra Lefin (Sternschnuppe S. 56, 78, Mose S. 58–60, 79), Katharina Reichert-Scarborough (betende Hände S. 34, 79), Jennifer Spyrig (Kartoffel S. 52), Satzpunkt Ursula Ewert GmbH (Bastelvorlagen)
Satz: Satzpunkt Ursula Ewert GmbH, Bayreuth
Druck und Bindung: Korrekt Nyomdaipari Kft., Budapest

ISBN: 978-3-403-20305-6
www.persen.de

Was sind Lapbooks?

Ein Lapbook ist ein Klappbuch, eine kleine Mappe, die sich mehrfach ausklappen lässt und von den Kindern individuell gestaltet und ausgestattet werden kann. So passen zum Beispiel kleine Taschen, Faltbücher, Klapphefte, Drehscheiben, Leporellos, Bilder u. v. m. hinein. Durch das Gestalten ihres Klappbuchs können die Schüler[1] ihre Lernergebnisse durch Basteln, Schreiben und Ausarbeiten festhalten. Dies geschieht auf eine motivierende, kreative Weise und alle erzielen dabei ein eigenes Ergebnis. Jedes Lapbook ist individuell, keines sieht aus wie das andere. Die Kinder entscheiden selbstständig, wie sie mit erarbeiteten Informationen umgehen, und bringen dabei unterschiedliche Aspekte schriftlich und gestalterisch in ihr Buch ein.

Einsatz von Lapbooks im Unterricht

Lapbooks können in nahezu allen Fächern eingesetzt werden. Zusätzlich zum Religionsunterricht bieten sie sich zum Beispiel zu Themen des Deutsch- (Lektüre, Bilderbuch, Gedichte …), Mathematik- (Addition, Subtraktion, Wahrscheinlichkeit …), Kunst- (Künstler, Themen, Epochen ...) und Sachunterrichts (Römer, Wetter, Igel …) an.
Im Persen-Verlag sind bereits zahlreiche Lapbooks für verschiedene Fächer erschienen.

Zielsetzung

Die Kinder

- setzen sich intensiv mit dem Thema auseinander,
- verschaffen sich selbstständig Informationen,
- arbeiten individuell,
- arbeiten in Einzel-, Partner- oder Gruppenarbeit zusammen,
- dokumentieren und präsentieren ihre Ergebnisse,
- lernen und wiederholen die Inhalte.

Material

Bedingung für die Arbeit mit Lapbooks ist eine Vielfalt an Materialien. Ausgelegt werden sollten:

- Tonpapier, Tonkarton und farbiges Papier
- Lapbook-Vorlagen (mehrfach kopiert)
- kopierte Infokarten zu den Themen
- Musterklammern
- Klebestifte
- Stifte
- Scheren

Zur vertiefenden Themenrecherche sind außerdem ein PC mit Internetzugang sowie Lexika, Sachbücher, Zeitschriften, ausgedruckte Fotos etc. sinnvoll.

Vorgehen

Je nachdem, ob und wie Sie das vorliegende Material nutzen und erweitern möchten, sollte für jedes Kind am besten ein DIN-A3-Bogen Pappe oder festeres Papier zur Verfügung stehen.
Das DIN-A4-Format ist auch möglich, doch dann fallen die Lapbooks recht klein aus und die Kopiervorlagen müssen angepasst werden.
Die Seiten des in Querformat gelegten Pappbogens werden zur Mitte hin umgeklappt, sodass ein aufklappbares Buch entsteht (siehe Abbildung auf der folgenden Seite). Nach oben und unten kann diese Grundform durch weitere klappbare Elemente erweitert werden.
In dieses Buch hinein basteln und gestalten die Kinder nun mit verschiedenen Elementen zum jeweiligen Thema. Das Deckblatt können sie frei gestalten oder Sie stellen den Kindern eine Vorlage zur Verfügung.

Differenzierung

Lapbooks bieten eine gute Möglichkeit zur Differenzierung, da jedes Kind sein Lapbook eigenständig und nach eigenen Vorstellungen, Fähigkeiten und Fertigkeiten gestaltet; auch die konkreten Inhalte kann es selbst bestimmen. Weiterhin gibt es sowohl einfache Vorlagen, die

[1] Wir sprechen hier wegen der besseren Lesbarkeit von Schülern bzw. Lehrern in der verallgemeinernden Form. Selbstverständlich sind auch alle Schülerinnen und Lehrerinnen gemeint.

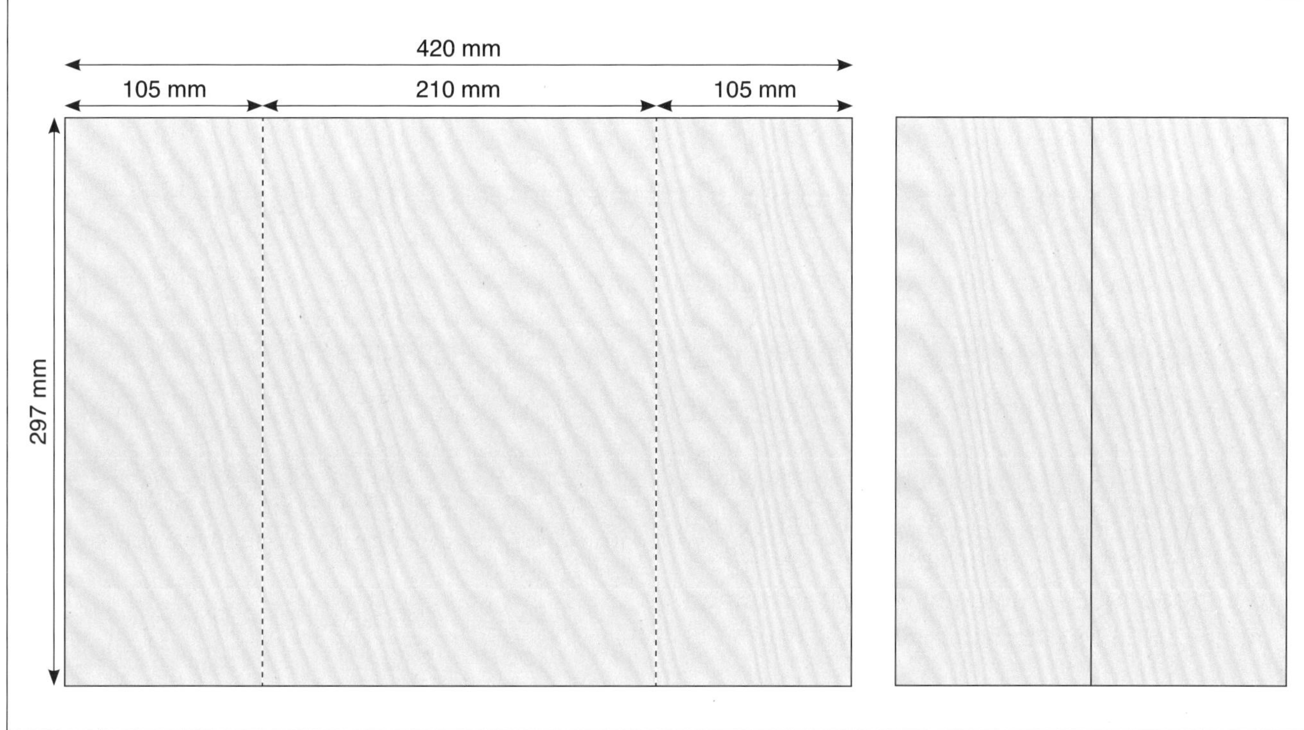

im Grunde nur ausgeschnitten werden müssen, als auch solche, die mit relativ viel Inhalt gefüllt werden können. Des Weiteren bieten sich Lapbooks für Partner- oder Gruppenarbeiten an und sind somit besonders für inklusiv arbeitende Klassen geeignet.

Kinder haben Freude daran, ihre fertigen Lapbooks der Klasse zu präsentieren, und sie wiederholen dadurch ganz nebenbei die Lerninhalte. Jedes Lapbook sieht anders aus und zeigt somit ein individuelles Lernergebnis, was die Präsentation und Besprechung mit der Klasse besonders abwechslungsreich und spannend macht.

Bewertung

Die Kinder erarbeiten sich die Inhalte des Themas selbstständig. Parallel zum Unterrichtsverlauf bietet es sich an, eine Tabelle anzulegen, die als eine Art Bewertungsraster verwendet werden kann. Ein Beispiel finden Sie auf Seite 74. Die fertigen Klappbücher können nach den Präsentationen eingesammelt und von der Lehrkraft als Portfolio der Arbeit genutzt werden.

Klassenstufen

In jüngeren Jahrgängen bietet sich eine behutsame Heranführung an die Arbeit mit Lapbooks an. Zu Beginn jeder Stunde können die Kinder mithilfe ihres Lapbooks die erarbeiteten Inhalte wiederholen. Eventuell kann in jeder Stunde eine kleine Anzahl an Lapbook-Elementen bereitgestellt werden. Dann werden die Aufgaben Schritt für Schritt erweitert – und somit entwickelt sich das Klappbuch im Laufe einer Unterrichtseinheit.

Zudem sollten in den Klassen 1 und 2 noch stärkere Vorgaben gemacht und konkrete Aufgabenstellungen formuliert werden; auch die (Sach-)Informationen werden von der Lehrkraft vorgegeben. Je mehr die Kinder mit der Methode Lapbook vertraut sind, desto freier können sie sich ein Thema erarbeiten, bis sie irgendwann nur noch Blankovorlagen erhalten und sich das Thema ganz eigenständig erarbeiten.

Grundsätzlich richtet sich die Vorgehensweise in höheren Klassen danach, über welche Erfahrungen die Kinder verfügen und ob sie sich selbstständig Informationen besorgen können (mithilfe von Büchern oder dem Internet).

Die Synagoge ist das Gotteshaus der Juden und bedeutet „Haus der Zusammenkunft“. Hier trifft sich die Gemeinde zum Lernen, zum Gebet und zum Feiern. Die Gebäude können sehr unterschiedlich aussehen, aber sie haben eins gemeinsam: Sie sind immer in Richtung Jerusalem ausgerichtet.

In jeder Synagoge sind spezielle Gegenstände zu finden.

 **Schneide die Klappkarten und die Texte aus.**

 **Klebe den passenden Text in die Karte.**

 **Klebe die Karten auf dein Lapbook.**

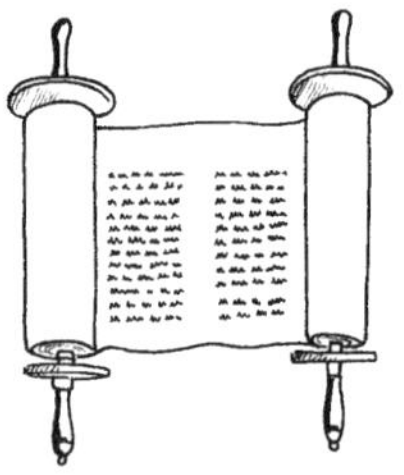

Die Tora ist eine Rolle aus Pergamentblättern. Sie ist in hebräischer Sprache geschrieben. Die Tora enthält die fünf Bücher Mose.

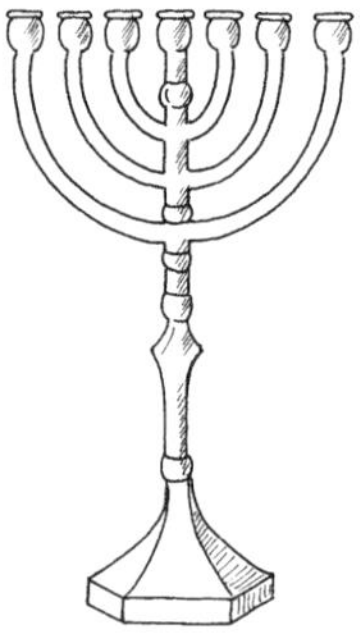

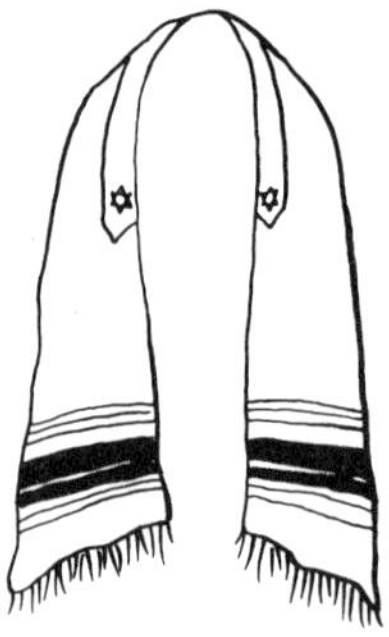

Die männlichen Besucher in einer Synagoge tragen eine Kopfbedeckung: die Kippa. Die Männer zeigen damit ihre Ehrfurcht und Bescheidenheit vor Gott.

Die Menora ist ein siebenarmiger Leuchter (Menora = Leuchter). Er ist in jeder Synagoge zu finden. Der Leuchter ist ein Symbol für die Zuversicht.

Der Tallit ist ein rechteckiger Gebetsmantel aus Wolle, Baumwolle oder Seide. Er wird von jüdischen Männern zum Morgengebet getragen.

Die Gelehrten und religiösen Lehrer der Gemeinde werden Rabbiner (Rabbi) genannt.

Die Torarollen werden im Toraschrein aufbewahrt.

So wie im Christentum die Bibel, haben auch die Juden eine heilige Schrift. Sie besteht aus drei Teilen und ist in Hebräisch geschrieben: Tora (Pentateuch), Nebiim (Propheten) und Chetubim (Schriften). Der wichtigste Teil für die Juden ist die **Tora**. Sie ist auf eine Schriftrolle geschrieben und wird in einem Schrein aufbewahrt. Die Tora besteht aus den fünf Büchern Mose, die auch bei uns im Alten Testament stehen.

Die Tora ist in hebräischer Schrift geschrieben.

 **Schreibe deinen Namen in Hebräisch auf das Lapbook.**

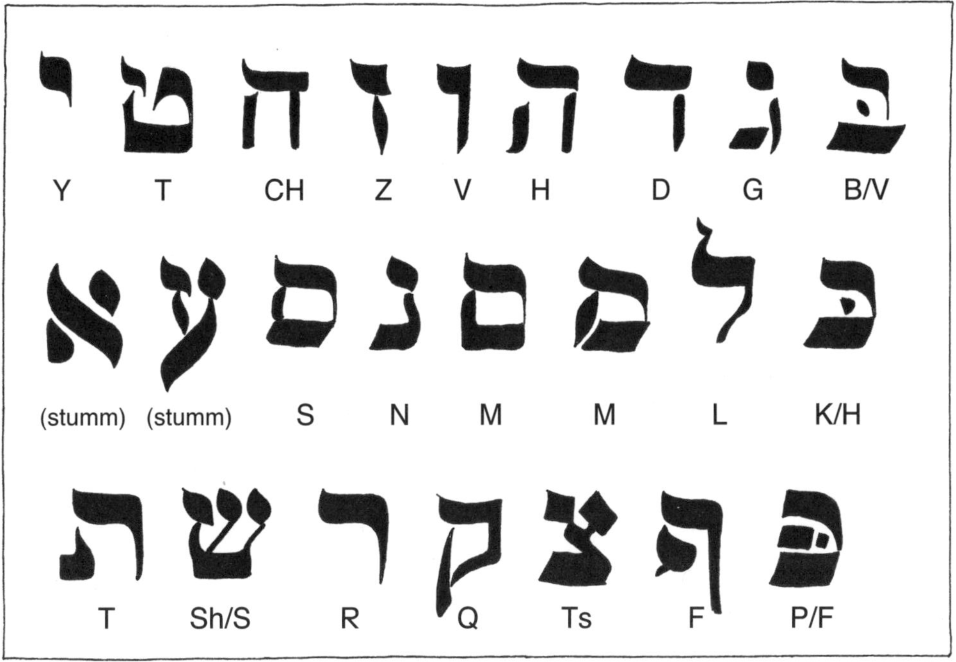

Info

Denke daran: In Hebräisch schreibt man von rechts nach links!
A, E, I, O und U fehlen in der hebräischen Schrift. Wenn dein Name einen dieser Buchstaben enthält, lasse ihn weg.

Das Jahr der Juden beginnt im September/Oktober. Im Laufe des Jahres feiern die Juden viele religiöse Feste.
Das Laubhüttenfest **Sukkot** erinnert an den Auszug aus Ägypten und die 40-jährige Wanderung durch die Wüste. Die Juden lebten in dieser Zeit in einfachen Zelten. Das Fest dauert sieben Tage und noch heute wollen sich die Juden darüber bewusstwerden, dass Gottes Schutz viel bedeutsamer ist, als der Schutz eines Hauses.
Das Fest **Chanukka** erinnert an ein Wunder. Im Tempel von Jerusalem wurde vor mehr als 2000 Jahren geweihtes Öl gebraucht. Das vorhandene Öl reichte nur für einen einzigen Tag, aber wie durch ein Wunder brannten die Kerzen am Chanukkaleuchter acht Tage lang. Heute wird das Fest acht Tage lang gefeiert, und jeden Tag wird eine Kerze am Leuchter angezündet.
Das **Pessachfest** ist eines der wichtigsten Feste im Judentum und erinnert an das Ende der Sklaverei und den Auszug der Israeliten aus Ägypten. Am ersten Abend, dem Seder-Abend, wird ungesäuertes Brot (Mazze) gereicht. Das Fest dauert sieben Tage, in denen ein besonderer Speiseplan gilt.
Der **Sabbat** wird jede Woche gefeiert. Er erinnert daran, dass Gott, nachdem er die Welt in sechs Tagen erschuf, am siebten Tag ruhte. Am Sabbat ist jede Arbeit verboten, die Menschen sollen sich ausruhen. Der siebte Tag der Woche ist für die Juden der Samstag. Der Feiertag beginnt bereits mit dem Freitagabend.

Schneide die Blumen aus.

Schreibe auf die Blüten, welche Bedeutung jedes genannte Fest hat.
In die Mitte der Blume kannst du den Namen des Festes schreiben.

Klappe die Blüten zur Mitte.

Klebe die Blüten auf dein Lapbook.

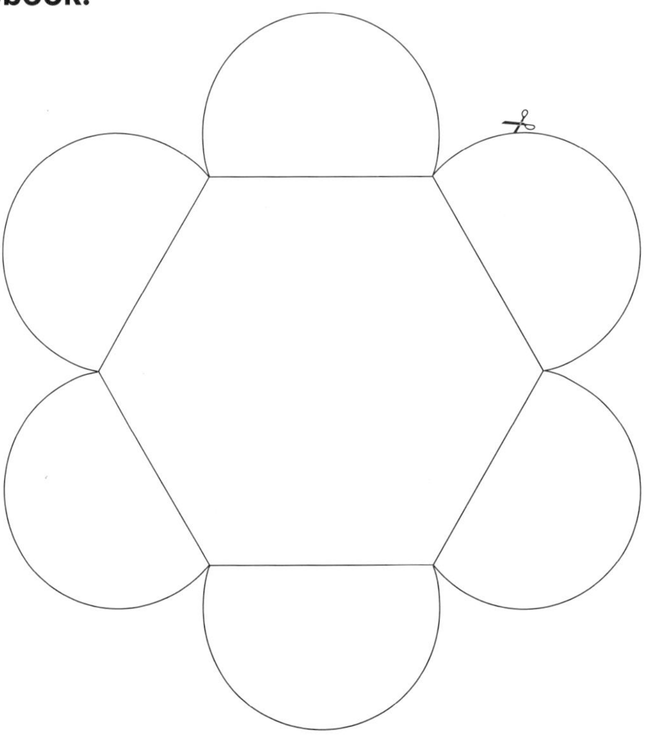

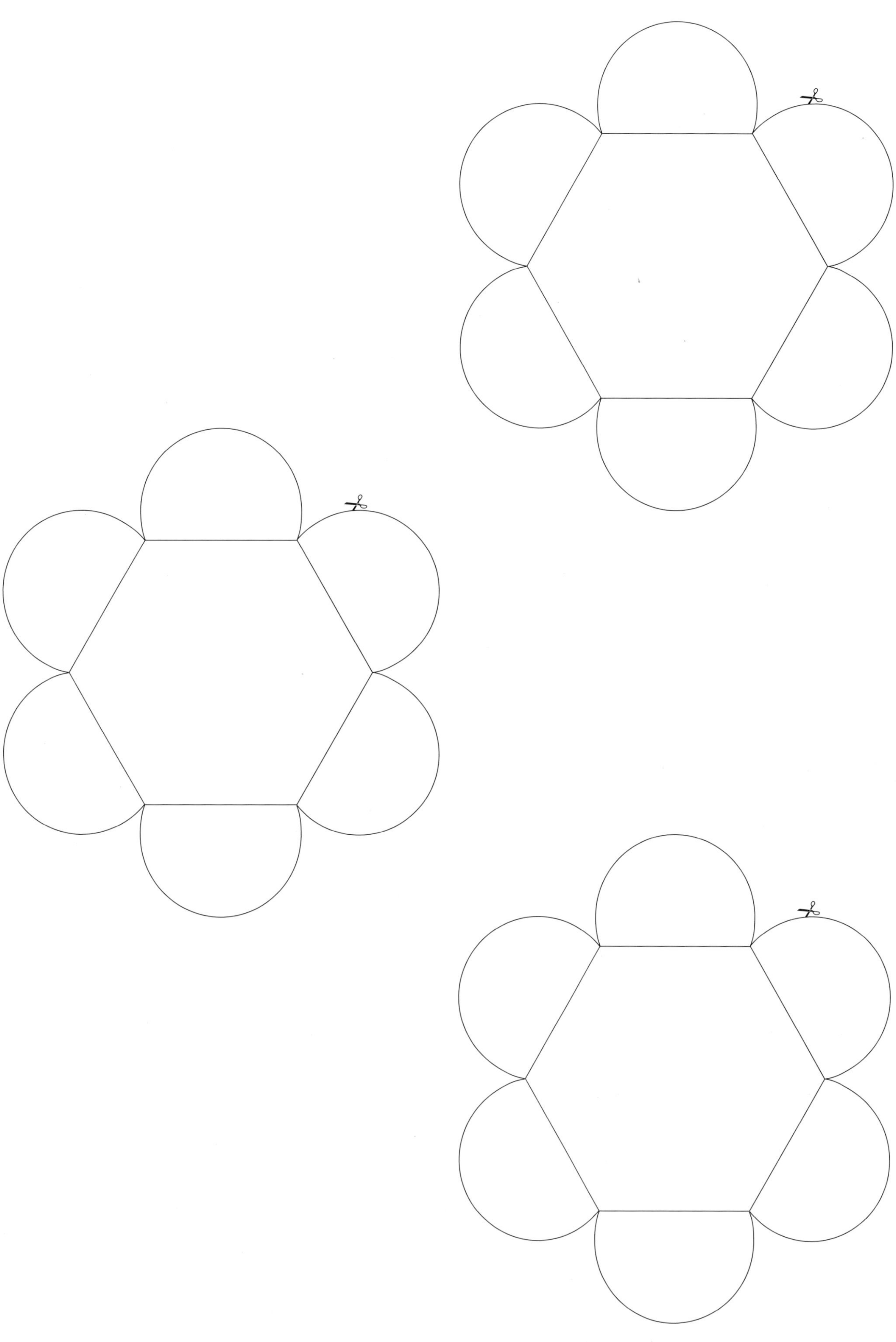

Schneide die Dreiecke aus.

Mische sie.
Lege sie richtig zusammen.

Klebe den Stern auf dein Lapbook.

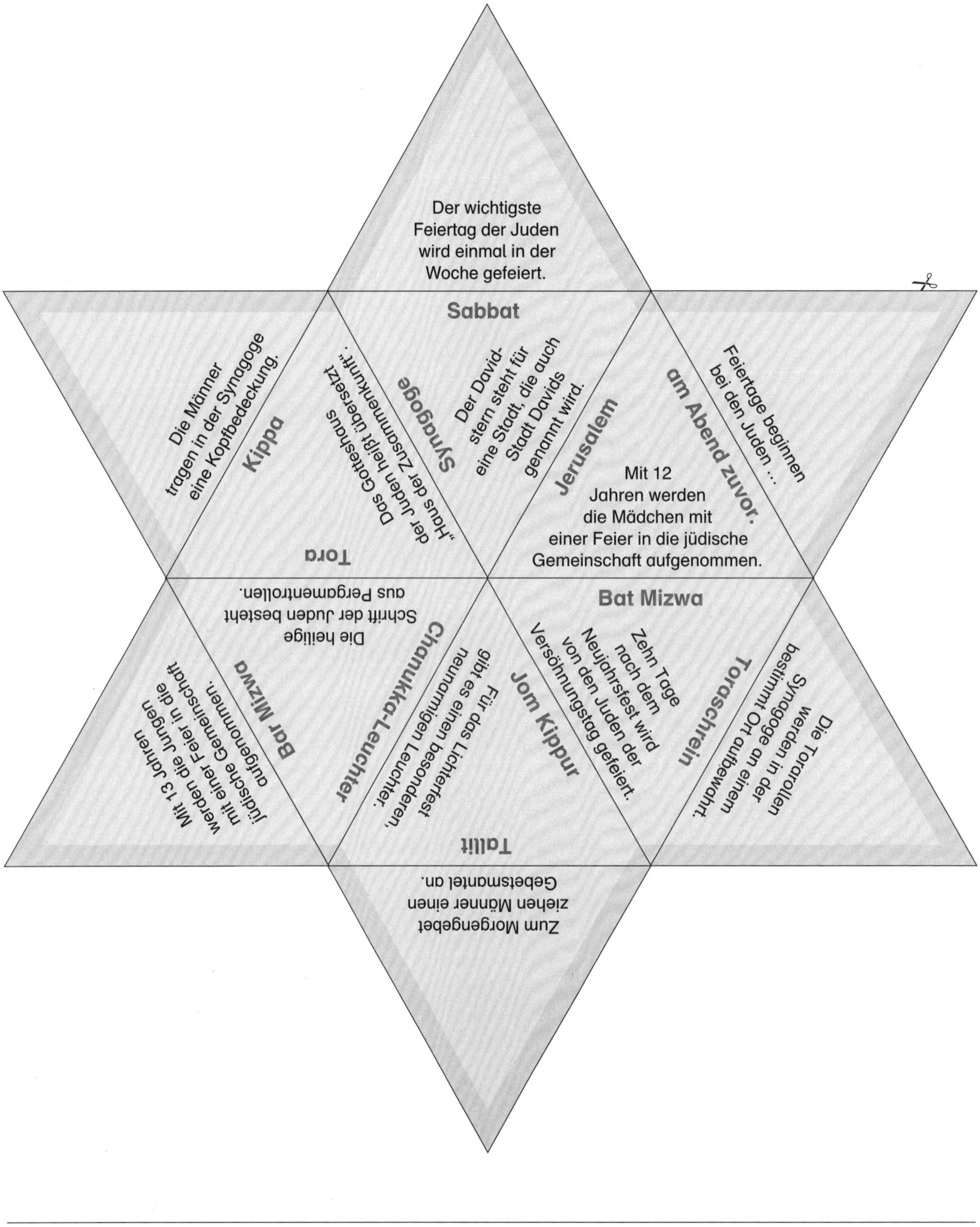

Das Gotteshaus der Christen ist die Kirche. Hier versammeln sich die Christen zum Gottesdienst. Es werden biblische Geschichten vorgelesen und es wird gemeinsam gesungen und gebetet. Der Gottesdienst findet in der Regel am Sonntag statt und wird von einem Pfarrer/Pastor geleitet. Kirchen können ganz unterschiedlich aussehen, sie haben aber viele Gemeinsamkeiten.

  **Schneide den Kirchenraum aus und klebe ihn auf dein Lapbook.**

 **Schneide die Kärtchen mit den Begriffen aus. Ordne die Begriffe dem Kirchenraum richtig zu.**

 **Klebe die Begriffe in den Kirchenraum.**

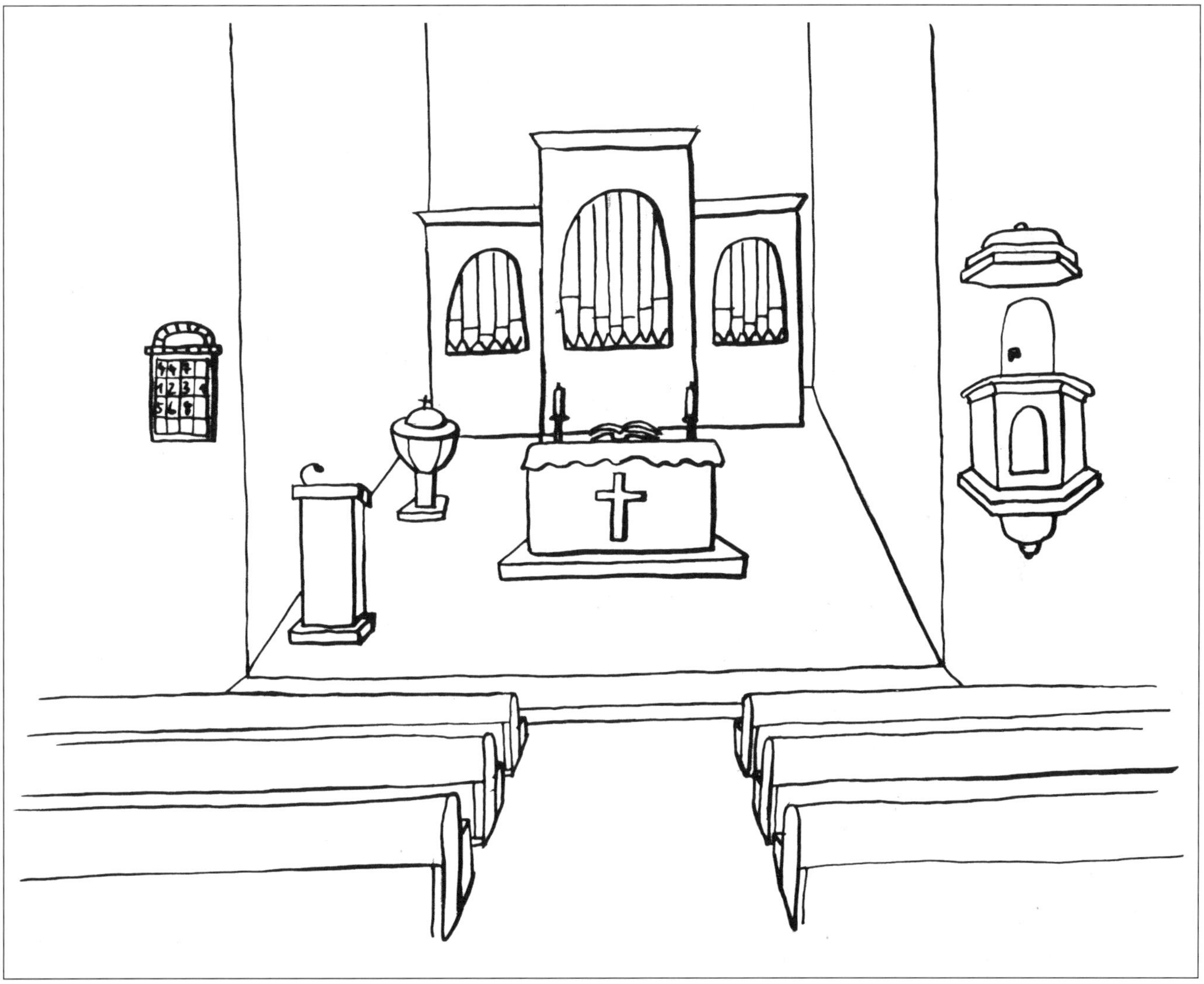

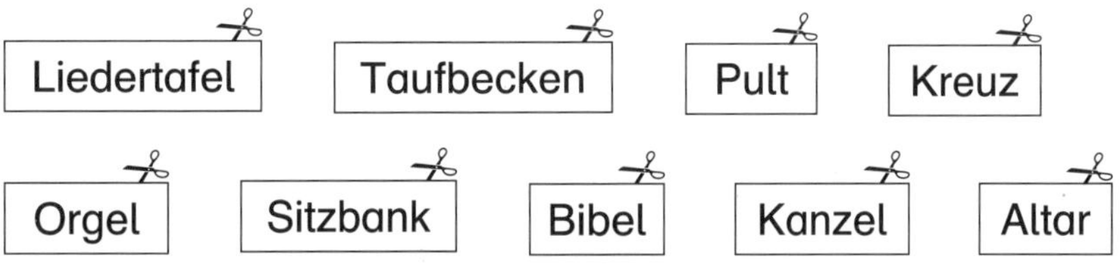

Die Heilige Schrift der Christen ist die Bibel. Der Name ist abgeleitet von dem griechischen Wort biblos und bedeutet „Buch“. Man nennt die Bibel auch das „Buch der Bücher“. In einem Zeitraum von mehr als 1000 Jahren haben verschiedene Menschen die über 60 Schriften aufgeschrieben. Die Bibel besteht aus zwei großen Teilen. Dem Alten Testament (AT) und dem Neuen Testament (NT).

Schneide die beiden Taschen aus.

Falte sie und klebe sie auf dein Lapbook.

Schneide die Kärtchen aus.

Sortiere sie in die Taschen.
Tipp: Nimm dir eine Bibel und schaue im Inhaltsverzeichnis nach.

Genesis I 1. Mose	Das Evangelium nach Johannes	Numeri I 4. Mose
Römerbrief	Deuteronomium I 5. Mose	1. und 2. Korintherbrief
Das Evangelium nach Matthäus	Psalmen	Das Evangelium nach Markus
Buch Ester	Exodus I 2. Mose	Buch Rut
Levitikus I 3. Mose	Buch Josua	Das Evangelium nach Lukas
Buch der Richter		

Hier siehst du Bilder aus dem Leben Jesu.
Die Geschichten stehen im Neuen Testament.

 **Schreibe zu jedem Bild einen passenden Satz.**

 **Klebe das Leporello zusammen und falte es.**

 **Klebe dann das Leporello in dein Lapbook.**

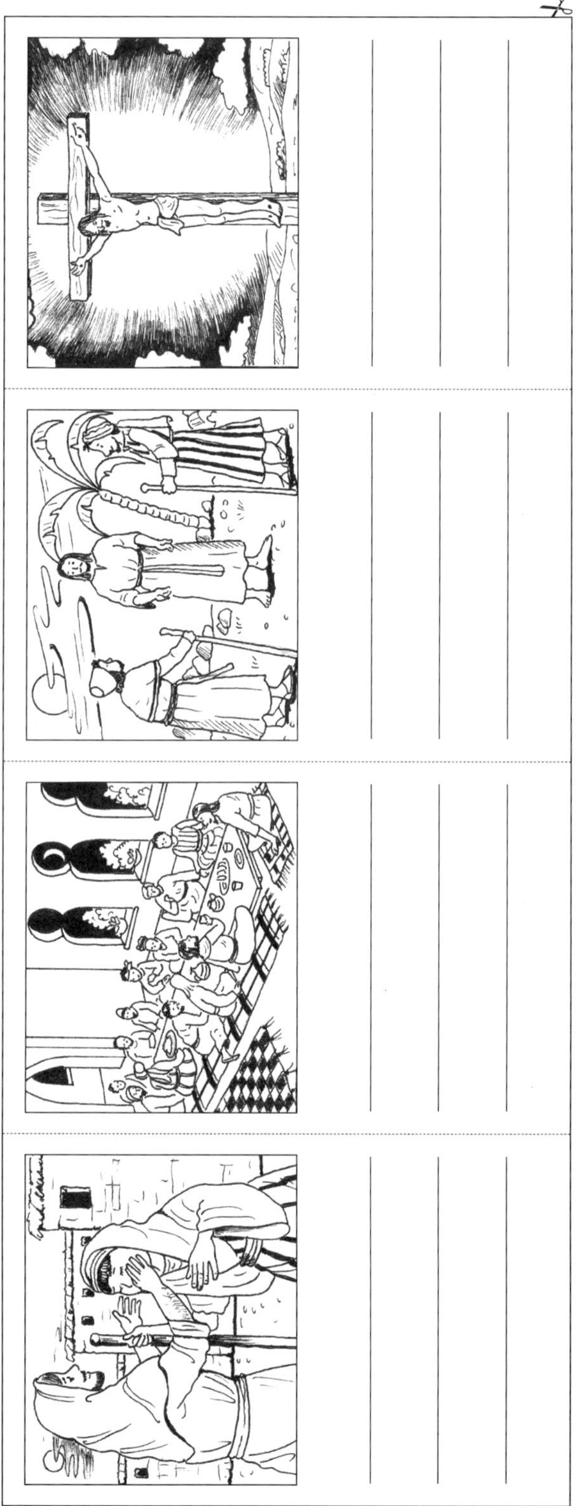

Das Gebet „Vaterunser“ ist das wichtigste Gebet im Christentum und wird überall auf der Welt im Gottesdienst gebetet. Das Gebet lehrte Jesus seinen Jüngern.

 **Schneide die einzelnen Streifen aus.**

Falte sie.

 **Male ein passendes Bild zum Abschnitt auf die Vorderseite des Streifens.**

Bringe die Streifen in die richtige Reihenfolge.

 **Bearbeite die Aufgaben und klebe die Streifen auf dein Lapbook.**

Dein Wille geschehe, wie im Himmel, so auf Erden.	Welche Wünsche hast du für die Erde? __________ __________ __________ __________
Unser tägliches Brot gib uns heute. Und vergib uns unsere Schuld, wie auch wir vergeben unsern Schuldigern.	Brot ist wichtig für uns. Was ist noch zum Leben wichtig? __________ __________ __________ __________
Dein Reich komme.	Wie könnte das Reich aussehen? Nenne Beispiele. __________ __________ __________ __________

Und führe uns nicht in Versuchung, sondern erlöse uns von dem Bösen.	In welchen Situationen können Menschen in Versuchung geraten? ____________________ ____________________ ____________________ ____________________
Denn dein ist das Reich und die Kraft und die Herrlichkeit in Ewigkeit. Amen.	Forsche im Internet, welche Bedeutung das Wort „Amen“ hat. ____________________ ____________________ ____________________ ____________________
Vater unser im Himmel, geheiligt werde dein Name.	Welche Namen hat Gott noch (z. B. Vater)? ____________________ ____________________ ____________________ ____________________

Quelle:
Luther Bibel (Exodus), revidierter Text 1984, durchgesehene Ausgabe © 1999 Deutsche Bibelgesellschaft, Stuttgart (www.bibelwissenschaft.de)

 **Schneide die Säulen und das Dach aus.**

Falte die Säulen an der gestrichelten Linie.

 **Schreibe auf die Innenseite der Säulen, was mit den Begriffen gemeint ist.**

 **Klebe die Säulen und das Dach auf dein Lapbook.**

☪ Islam

Fasten

Almosen

Bekenntnis

Pilgerfahrt

Gebet

Schneide das Heft aus.

Schneide es in der Mitte ein und falte es wie in der Anleitung.

Was kannst du über den Islam herausfinden? Fülle die leeren Seiten aus. Forsche dazu im Internet.

Tipp: Schaue im Internet nach, z. B.: www.fragfinn.de

Klebe das Heft auf dein Lapbook.

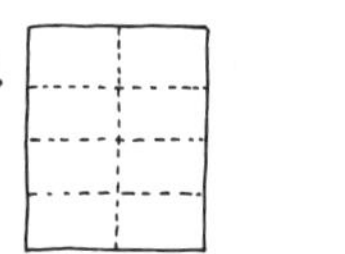

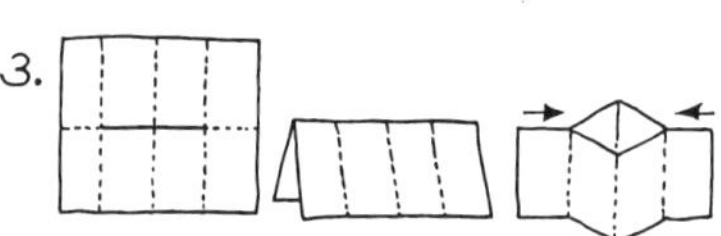

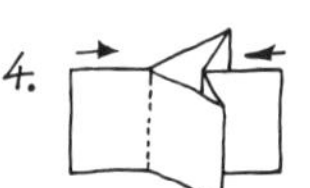

Mohammed	Mohammed
Die fünf Säulen	Der Koran
Klebeseite	Der Koran
Mein Islam-Heft	Allah

Die Moschee ist das Gebetshaus des Islams. Übersetzt bedeutet das Wort „Ort der Niederwerfung“: Die Menschen werfen sich – fünfmal täglich – vor Gott nieder. In der Moschee trifft man sich aber nicht nur zum Beten, sondern auch zum Lernen, Diskutieren oder nur zum Plaudern.

  **Schneide das Bild der Moschee aus und klebe es auf dein Lapbook.**

 **Schneide die Begriffe aus und ordne sie richtig zu.**

 **Klebe sie auf.**

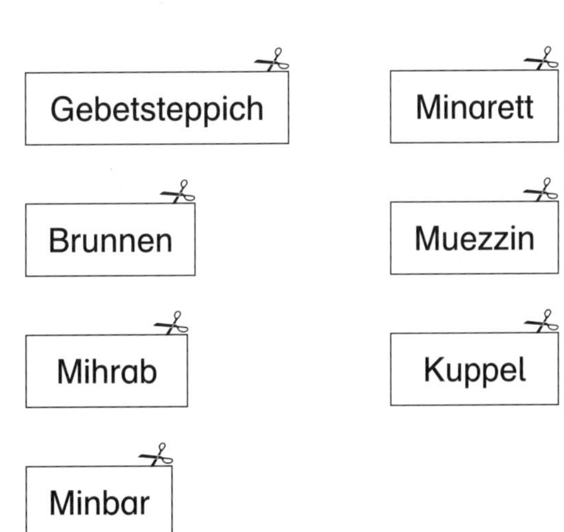

Das wichtigste islamische Fest ist das **Opferfest**. Es dauert vier Tage. Man erinnert sich an das Vertrauen Ibrahims in Gott. Er war bereit, seinen Sohn Ismael zu opfern. Gott aber verhinderte dies und Ibrahim opferte stattdessen ein Schaf. Noch heute schlachten viele Muslime an diesem Tag ein Tier und verteilen das Fleisch – an Arme, an Familienmitglieder oder an Nachbarn.

Im Fastenmonat **Ramadan** verzichten Muslime vier Wochen lang tagsüber auf Essen und Trinken. Nur vor Sonnenaufgang und nach Sonnenuntergang dürfen sie essen. In dieser Zeit versuchen sie außerdem, viel Gutes zu tun und oft im Koran zu lesen.

 **Schneide die Vorlagen aus.**

 **Schreibe auf die Seiten, welche Bedeutung das Fest hat.**

Klappe die Seiten zur Mitte.

Klebe die Form auf dein Lapbook.

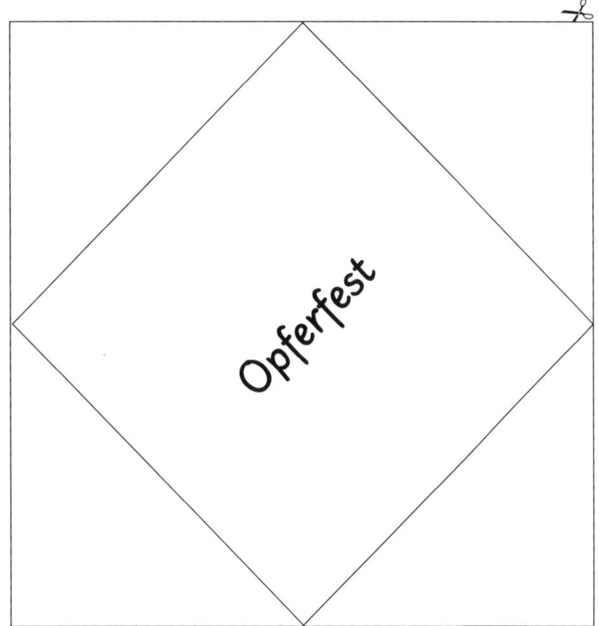

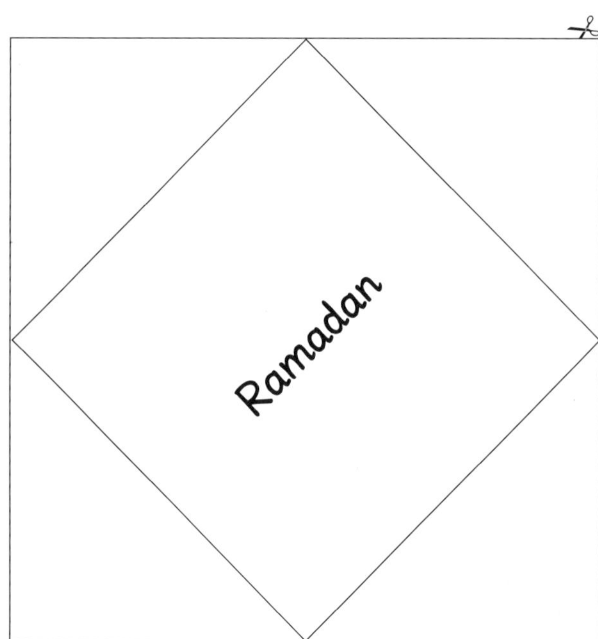

 **Lies den Text.**

Der erste **Buddha** war Siddharte Gautama. Wer zu der wahren Erkenntnis gelangt und erleuchtet ist, wird im Buddhismus zum Buddha ernannt. Siddharte Gautama lebte vor ca. 2500 Jahren am Himalaya. Er ist der Gründer des Buddhismus.

Wertvolle buddhistische Reliquien werden in der **Stupa** aufbewahrt. Reliquien sind Überreste von Heiligen oder wichtigen Personen. Ein Stupa ist ein kleines Bauwerk in Form einer Halbkugel. Stupa haben keine Fenster und Türen. Auch die Asche des Buddhas wird dort aufbewahrt. Heute befinden sich dort auch wichtige Texte aus heiligen Schriften oder Erinnerungsstücke.

Buddhistische **Tempel** sind oft prächtig verziert und mit Blumen geschmückt. Buddhisten treffen sich hier zum Gebet oder zur Meditation. In der Halle steht meistens ein Altar mit einer Buddha-Statue.

Es gibt fünf **Grundregeln** im Buddhismus:

1. Ich zerstöre oder verletze kein Lebewesen.
2. Ich stehle nicht.
3. Ich gehe keine Beziehung ohne Liebe ein.
4. Ich lüge nicht und achte auf meine Worte im Umgang mit anderen.
5. Ich nehme keine Drogen oder andere berauschende Mittel zu mir.

Die **vier edlen Wahrheiten** wurden von Buddha verkündet:

1. Alles Glück ist vergänglich, das Leben besteht nur aus Leiden.
2. Die Menschen wollen mehr besitzen, als sie haben. Dadurch entsteht das Leid.
3. Erst wenn die Begierde aufhört, hört auch das Leiden auf.
4. Der achtfache Pfad ist der Weg zum Glück.

Feste im Buddhismus

Vesakh ist das wichtigste Fest im Buddhismus und ein Fest zum Geburtstag Buddhas. Die Buddhisten feiern den Geburtstag Siddhartas, seine Erleuchtung unter einem Feigenbaum und seinen Weg ins Nirwana.

An die Entstehung und die Verbreitung des Buddhismus erinnert das Fest **Asalha**. Buddhisten pilgern eine Woche lang zu den Überresten von Buddha. In Sri Lanka wird das Fest besonders groß gefeiert. Hier treffen sich die Pilger an einem Tempel, in dem der Eckzahn des Buddhas aufbewahrt wird. 100 bunt geschmückte Elefanten tragen das Heiligtum durch die Straßen.

 **Schneide die Klappkarten aus.**

 **Schreibe einen passenden Text in die Karten.**

 **Klebe die Karten auf dein Lapbook.**

	Stupa		Tempel
	Buddha		Vesakh
	Grundregeln		Weisheiten

Die Lebensregeln für alle Buddhisten findet man im edlen achtfachen Pfad. Er soll den Menschen helfen, sich von der Gier zu befreien. Wer sich immer an die Regeln hält, findet sein Glück im Nirwana und wird vom seinem Leid befreit. Wer sich nicht an die Regeln hält, wird nach seinem Tod in einem anderen Körper wiedergeboren.
Die Regeln des achtfachen Pfades lauten:

Sieh die Welt so, wie sie ist.
Habe Mitleid, sei hilfsbereit und achte andere Lebewesen.
Achte darauf, was du sagst. Rede nicht schlecht über andere und lüge nicht.
Tue keinem Lebewesen etwas Böses.
Achte die Natur, und schade bei der Arbeit keinem Lebewesen.
Bemühe dich, schlechte Gedanken zu unterdrücken.
Höre auf deine Gefühle und auf deinen Körper.
Konzentriere dich und sammele deine Gedanken auch in deinem Alltag.

Schneide das Rad aus.

Schreibe auf jede Seitenlasche eine Regel.

Falte die Laschen zusammen.

Klebe es auf dein Lapbook.

„Einheit in der Vielfalt“ bedeutet das Wort Hinduismus, denn der Hinduismus beinhaltet eine Vielzahl an verschiedenen Religionen.

 **Schneide die Klappkarten aus.**

Falte sie.

 **Klappe sie wieder auf. Schreibe zu jedem Begriff ein paar Sätze.**

Tipp: Suche dazu im Internet.

 **Klebe die Klappkarten auf dein Lapbook.**

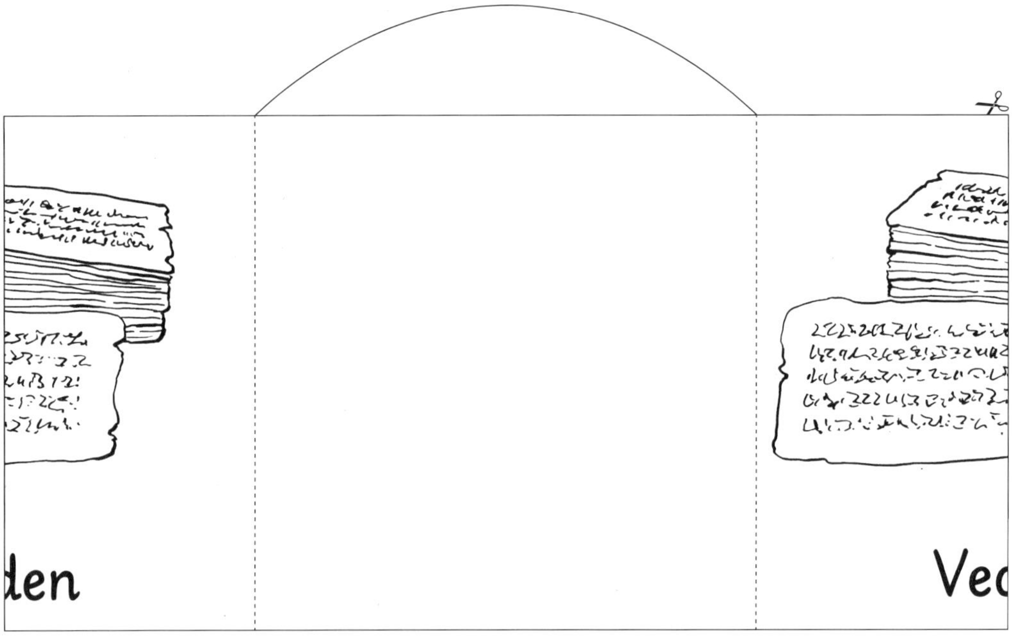

en

Ve

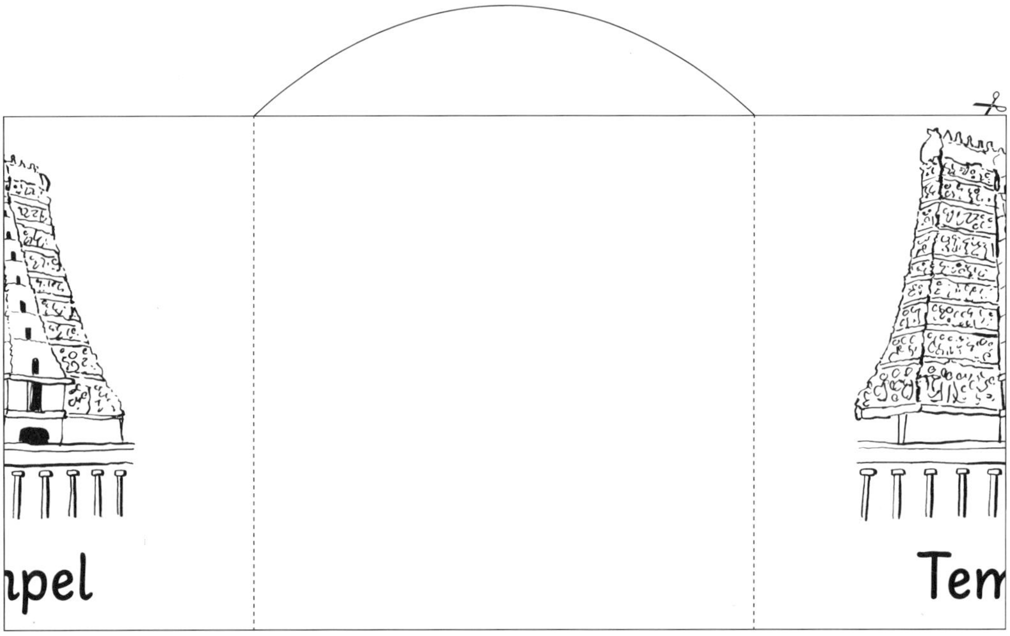

pel

Te

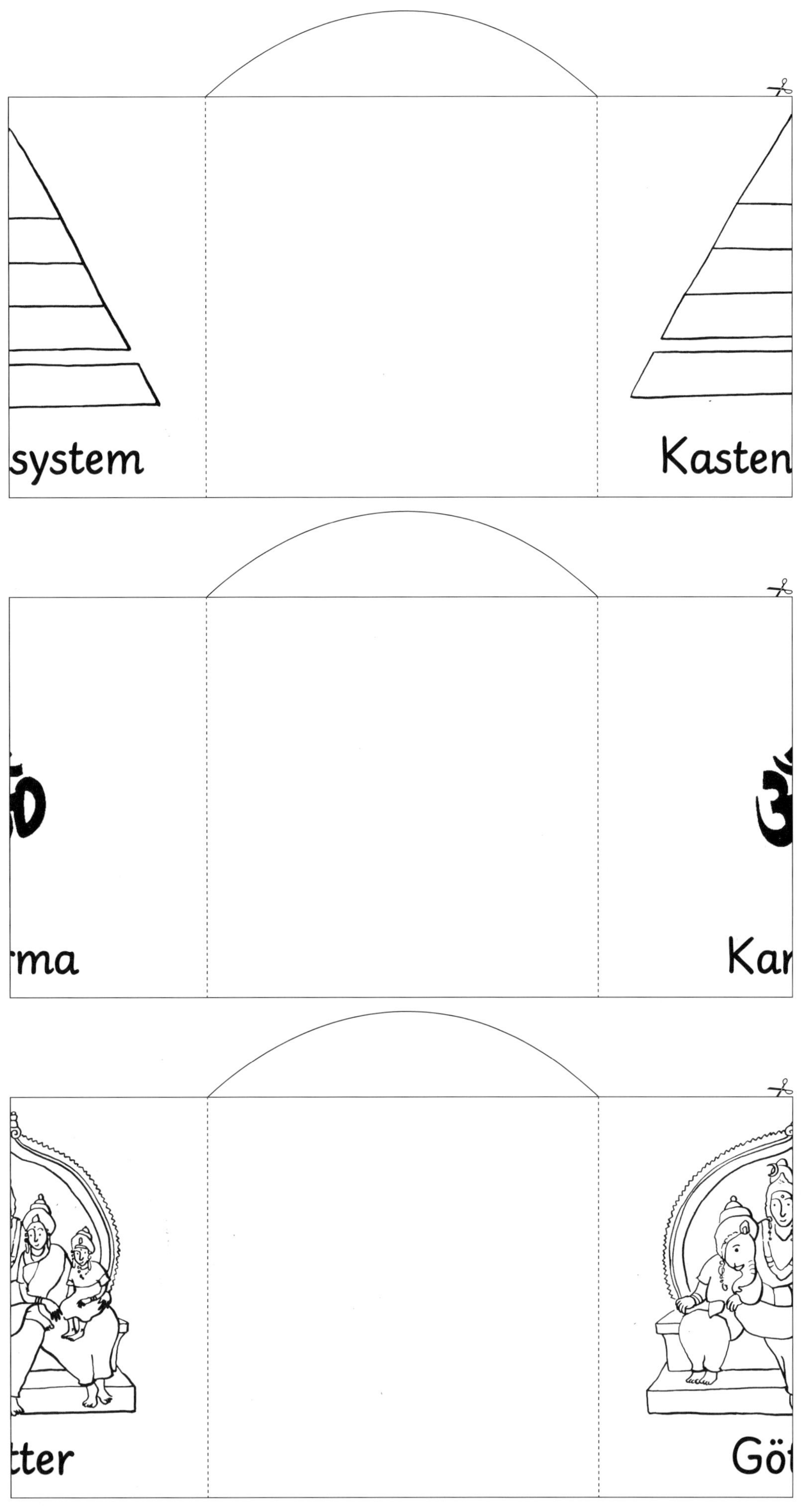
system
Kasten
rma
Kar
tter
Gö

Die Bibel ist die Heilige Schrift der Christen. Sie besteht aus zwei Teilen, dem Alten Testament (AT) und dem Neuen Testament (NT). Testament bedeutet „Bund“ und meint den Bund, den Gott mit den Menschen geschlossen hat.
Zusammen enthalten die beiden Teile der Bibel mehr als 60 einzelne Bücher. Darum wird die Bibel auch „Buch der Bücher“ genannt. Der Name Bibel leitet sich von dem griechischen Wort „biblos“ ab, das „Buch“ bedeutet.

Schneide die Taschen und die Karten aus.

Falte die Taschen und klebe sie auf dein Lapbook.

Welche Geschichten stehen im Alten Testament, welche im Neuen Testament?

Sortiere sie ein.

Altes Testament (AT)

Neues Testament (NT)

Schöpfung	Psalm 23
Josef	Taufe Jesu
Jona	Heilung eines Gelähmten
Rut	Kreuzigung Jesu
Abraham	Auferstehung Jesu
Mose	Speisung der 5000
Noah	Der verlorene Sohn

Schneide das Buch aus.

Falte es.

Nimm dir eine Bibel.
Überlege: Welche Geschichte ist deine Lieblingsgeschichte aus dem Alten Testament?

Schreibe die Geschichte in eigenen Worten in dem Büchlein auf.

Male passende Bilder dazu.

Klebe das Buch auf dein Lapbook.

Meine Lieblingsgeschichte aus dem Alten Testament

2

3

Klebeseite

4

7

5

6

 **Schneide das Buch aus.**

Falte es.

Nimm dir eine Bibel.
Überlege: Welche Geschichte ist deine Lieblingsgeschichte aus dem Neuen Testament?

 **Schreibe die Geschichte in eigenen Worten in dem Büchlein auf.**

 **Male passende Bilder dazu.**

 **Klebe das Buch auf dein Lapbook.**

2	Meine Lieblingsgeschichte aus dem Neuen Testament
3	Klebeseite
4	7
5	6

Die Geschichten aus der Bibel wurden zunächst nur mündlich weitergegeben. Als die Geschichten auch aufgeschrieben wurden, verwendete man Papyrus. Das Mark der Pflanze wurde in dünne Streifen geschnitten. Diese wurden dann senkrecht und waagerecht übereinandergelegt und geglättet. So entstand aus Papyrus Papier.
Die beschrifteten Blätter wurden zu einer Schriftolle zusammengeklebt.

Später wurden Bibeln von Mönchen im Kloster vervielfältigt. Die Mönche mussten die ganze Bibel mit der Hand abschreiben – das dauerte oft ein ganzes Mönchsleben lang. Die Bibeln waren daher sehr kostbar und wurden von den Mönchen auch reich verziert.

Erst mit der Erfindung des Buchdrucks konnten die Bibeln schneller vervielfältigt werden.

 **Schneide die Bibel aus.**

 **Verziere sie.**

 **Schreibe auf die Innenseite: Was kannst du über den Buchdruck und Johannes Gutenberg herausfinden?**

Tipp: Schaue im Internet nach.

Klebe die Bibel auf dein Lapbook.

Die Bibel wurde in verschiedenen Sprachen verfasst. Das Alte Testament wurde aus dem Hebräischen übersetzt, das Neue Testament aus dem Griechischen.

Schau dir das hebräische Alphabet an.

 **Schreibe deinen Namen auf Hebräisch auf dein Lapbook.**

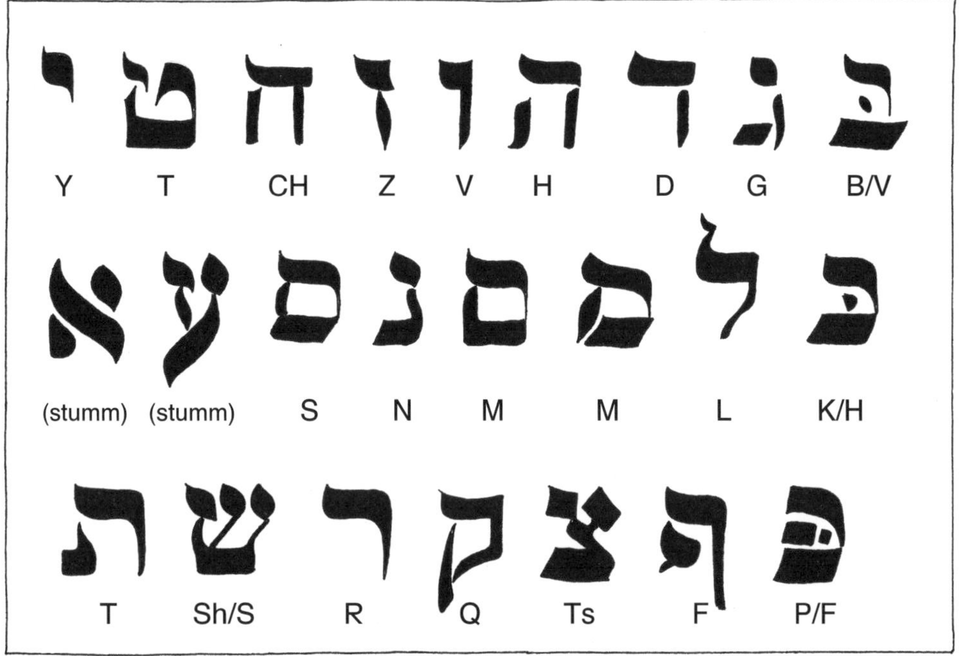

Info

Denke daran: In Hebräisch schreibt man von rechts nach links!
A, E, I, O und U fehlen in der hebräischen Schrift. Wenn dein Name einen dieser Buchstaben enthält, lasse ihn weg.

Im Neuen Testament gibt es vier Evangelisten: Markus, Matthäus, Lukas und Johannes. Evangelium bedeutet „Frohe Botschaft“.

Die Evangelisten schrieben alles auf, was sie über Jesus gehört hatten. Die Evangelien entstanden aber nicht zur selben Zeit: Das älteste Evangelium ist das Markusevangelium. Neben anderen Texten, haben Matthäus und Lukas es als Vorlage für ihre Schriften benutzt.

Jeder Evangelist hat ein eigenes Symbol: Markus hat einen Löwen als Symbol. Matthäus hat einen Menschen oder Engel. Lukas hat einen Stier und Johannes einen Adler.

Schneide den Kreis aus.

Klebe die Namen an die richtige Stelle im Kreis.

Hefte den Kreis mit einer Musterklammer auf dein Lapbook.

Für Experten: Forsche, was die Symbole der Evangelisten bedeuten.

Du kennst sicher schon viele Geschichten aus der Bibel.

 **Schreibe wichtige Personen aus der Bibel auf.**

 **Notiere auch, in welcher Geschichte oder in welchen Geschichten sie vorkommen.**

 **Schneide die Formen aus.**

Falte sie.

Klebe sie zusammen und dann auf dein Lapbook.

Tipp: Du kannst auch in einer Bibel nachschauen.

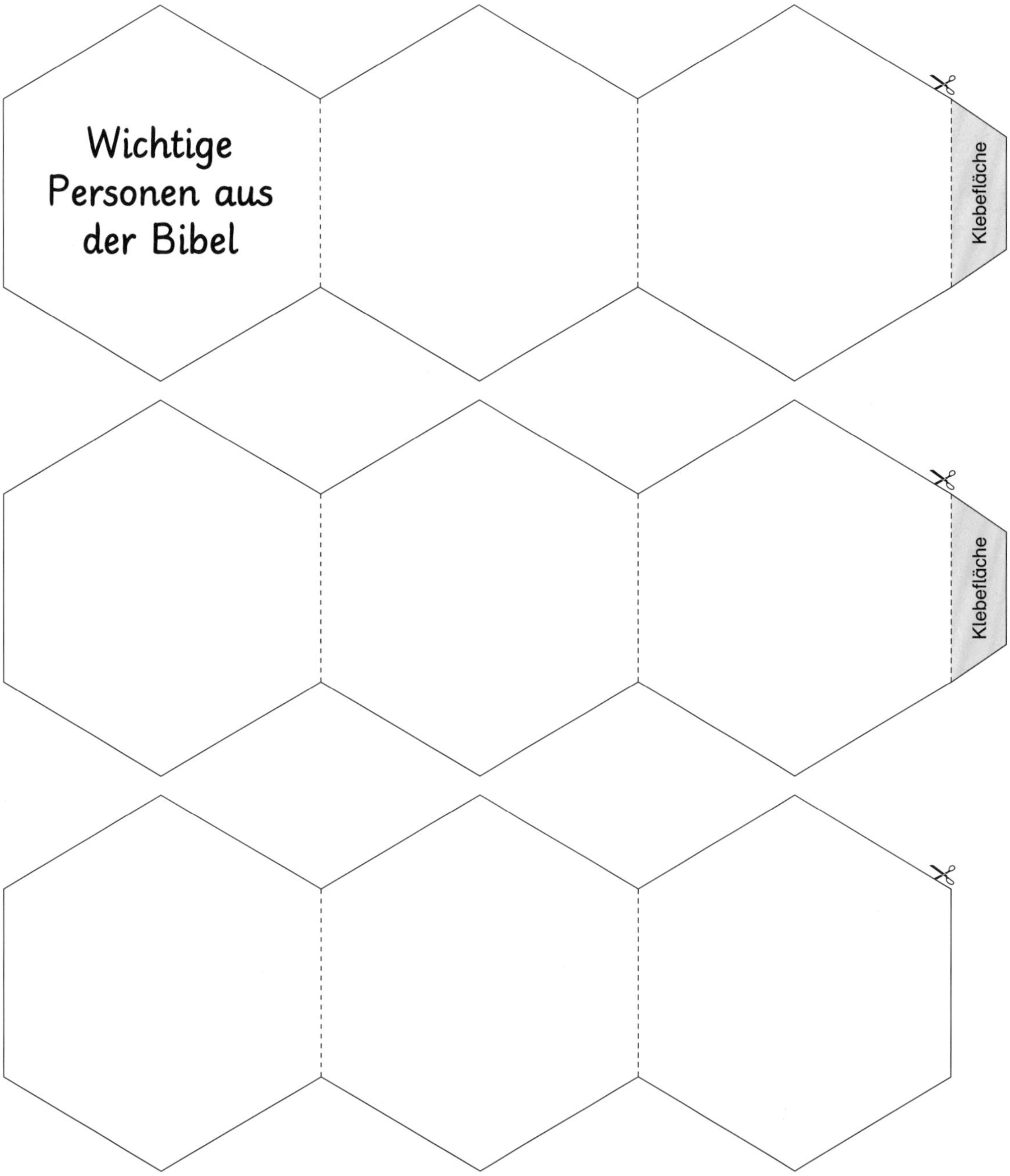

Wichtige Personen aus der Bibel

Klebefläche

Klebefläche

Für Christen ist das Gebet „Vaterunser“ sehr wichtig. In jedem Gottesdienst wird es gesprochen. Im Neuen Testament steht, dass Jesus das Gebet seinen Jüngern mit auf den Weg gegeben hat.

Schneide die Textstreifen aus.

Sortiere sie.

Klebe sie in der richtigen Reihenfolge auf dein Lapbook.

Tipp: Du kannst auch in einer Bibel nachschauen.

Dein Wille geschehe,

Vater unser im Himmel.

Geheiligt werde dein Name.

Und führe uns nicht in Versuchung,

und die Herrlichkeit in Ewigkeit.

Unser tägliches Brot gib uns heute.

Und vergib uns unsere Schuld,

wie im Himmel, so auf Erden.

Denn dein ist das Reich und die Kraft

Amen.

wie auch wir vergeben unsern Schuldigern.

sondern erlöse uns von dem Bösen.

Dein Reich komme.

Quelle: Luther Bibel (Exodus), revidierter Text 1984, durchgesehene Ausgabe © 1999 Deutsche Bibelgesellschaft, Stuttgart (www.bibelwissenschaft.de)

Sich in der Bibel zurechtzufinden ist gar nicht so einfach. Als Hilfe ist sie in Kapitel und Verse eingeteilt. Die Weihnachtsgeschichte steht zum Beispiel in Lk 2,1–20. „Lk" gibt an, welches Buch gemeint ist – Lk bedeutet Lukas. Die Zahl „2" gibt das Kapitel an. Und die Zahlen hinter dem Komma die Verse.

Schneide die Karten aus.

Klebe sie in der richtigen Reihenfolge zusammen.

Falte sie.

Klebe das Leporello auf dein Lapbook.

Tipp: Schaue in einer Bibel nach.

Dazu hatte Joseph einmal einen Traum und sagte zu seinen Brüdern davon; da wurden sie ihm noch feinder.	1.Mose 1,1	Klebefläche
Und siehe, ich bin bei euch alle Tage bis an der Welt Ende.	Psalm 50,15	Klebefläche
Der Herr ist mein Hirte, mir wird nichts mangeln.	Matthäus (Mt) 28,20b	Klebefläche
Am Anfang schuf Gott Himmel und Erde.	1. Mose 6,22	Klebefläche
Kreuz und quer durch die Bibel	1. Mose 1,31	Klebefläche
Dann betrachtete Gott alles, was er geschaffen hatte, und es war sehr gut!	Psalm 23,1	Klebefläche
Und Noah tat alles, was ihm Gott gebot.	Lukas (Lk) 2,8	Klebefläche
Und es waren Hirten in derselben Gegend auf dem Felde bei den Herden, die hüteten des Nachts ihre Herde.	**Ende**	Klebefläche
Rufe mich an in der Not, so will ich dich erretten und du sollst mich preisen.	Jona 1,15 Kl	Klebefläche
Und sie nahmen Jona und warfen ihn ins Meer; das stand das Meer still von seinem Wüten.	1. Mose 37,5	Klebefläche

Quelle: Luther Bibel (Exodus), revidierter Text 1984, durchgesehene Ausgabe © 1999 Deutsche Bibelgesellschaft, Stuttgart (www.bibelwissenschaft.de)

Forsche in der Bibel.
Erstelle dein eigenes Quiz.
Wer kann deine Frage beantworten?

Schneide die Karten aus.

Falte sie.

Überlege dir Fragen zur Bibel. Z. B.: In welchem Teil der Bibel stehen Geschichten über Jesus?

Schreibe die Antworten auf die Innenseite. Z. B.: Sie stehen im Neuen Testament.

Klebe die Karten auf dein Lapbook.

Der Lebenslauf von Martin Luther ist durcheinandergeraten.

 **Schneide die Seiten aus.**

 **Klebe die Seiten in der richtigen Reihenfolge hintereinander.**

 **Klebe das Buch auf dein Lapbook.**

Martin Luther

Klebefläche

Die Thesen machte er im Jahre 1517 öffentlich. Das Blatt, auf dem die Thesen geschrieben standen, soll er an eine Kirchentür genagelt haben. Der Tag, an dem dies geschah, wird heute als Reformationstag gefeiert.

Klebefläche

Luther trat in ein Kloster ein, obwohl sein Vater das nicht wollte. Luther war ein sehr fleißiger Student. Er wurde bald zum Diakon und dann zum Priester geweiht. Allerdings hatte er immer ein schlechtes Gewissen und war sich nicht sicher, ob Gott ihm seine Sünden verzeihen würde.

Klebefläche

Zuerst besuchte Martin Luther die Stadtschule und danach die Pfarrschule. Dort lernte er Latein und konnte es fließend sprechen und schreiben. Sein Vater wollte, dass er Recht studiert. Bei einem Gewitter hatte er jedoch so große Angst, dass er Gott versprach, ein Mönch zu werden, wenn er das Gewitter überlebt.

Klebefläche

Damit er seine Fragen klären konnte, wurde Luther nach Wittenberg versetzt, wo er an der Universität Theologie studieren konnte. Ein wichtiges Erlebnis machte er auf einer Reise nach Rom. Er legte die Beichte ab und erklomm eine Treppe, allerdings auf den Knien. Auf den Stufen oben angekommen, fühlte er sich allerdings nicht erleichtert.

Klebefläche

Geboren wurde Luther im Jahre 1438 in Eisleben. Das liegt im heutigen Sachsen-Anhalt. Sein Vater, der Bauer war und später Ratsherr wurde, besaβ ein Bergwerk. Der Name von Luthers Mutter lautete Margarethe. Es wird davon ausgegangen, dass Luther neun Geschwister hatte.

Klebefläche

Luther erlebte etwas Wichtiges, als er zurück in Wittenberg war. Eine Erleuchtung kam ihm plötzlich in seinem Studierzimmer: Es führen nicht irgendwelche Rituale oder Taten in den Himmel, sondern allein der Glaube an die Güte Gottes.
Diese Gedanken wurden von ihm in einem Schriftstück zusammengefasst. Es waren 95 Thesen, also seine Behauptungen über die Kirche und den Glauben.

Klebefläche

Der Kaiser aber war auf der Seite der Kirche. Luther wurde als „vogelfrei“ erklärt. Jeder durfte ihn töten, ohne dafür bestraft zu werden. Ein Freund von Luther versteckte ihn auf der Wartburg. Dort übersetzte Luther die Bibel in die Deutsche Sprache.

Klebefläche

1525 heiratete Luther Katharina von Bora. Nun war er kein Mönch mehr. Luther und seine Frau bekamen drei Söhne und drei Töchter.

Klebefläche

Luther hat sein ganzes Leben lang gepredigt und gelehrt und versucht, den Menschen den Glauben zu erklären. Er verfasste etliche Bücher und Briefe. Auch wenn er dies nie beabsichtigt hatte: Die Kirche spaltete sich durch seine Arbeiten in die katholische und in die evangelische Kirche auf. Luther starb im Jahre 1546.

Martin Luther entscheidet sich, Mönch zu werden – gegen den Willen seines Vaters. Martin Luther möchte seinem Vater die Gründe erklären.

Schreibe im Namen Luthers einen Brief an seinen Vater.

Schneide den Brief aus.

Falte ihn zu einem Briefumschlag, indem du die Seitenlaschen zur Mitte faltest.

Klebe den Brief auf dein Lapbook.

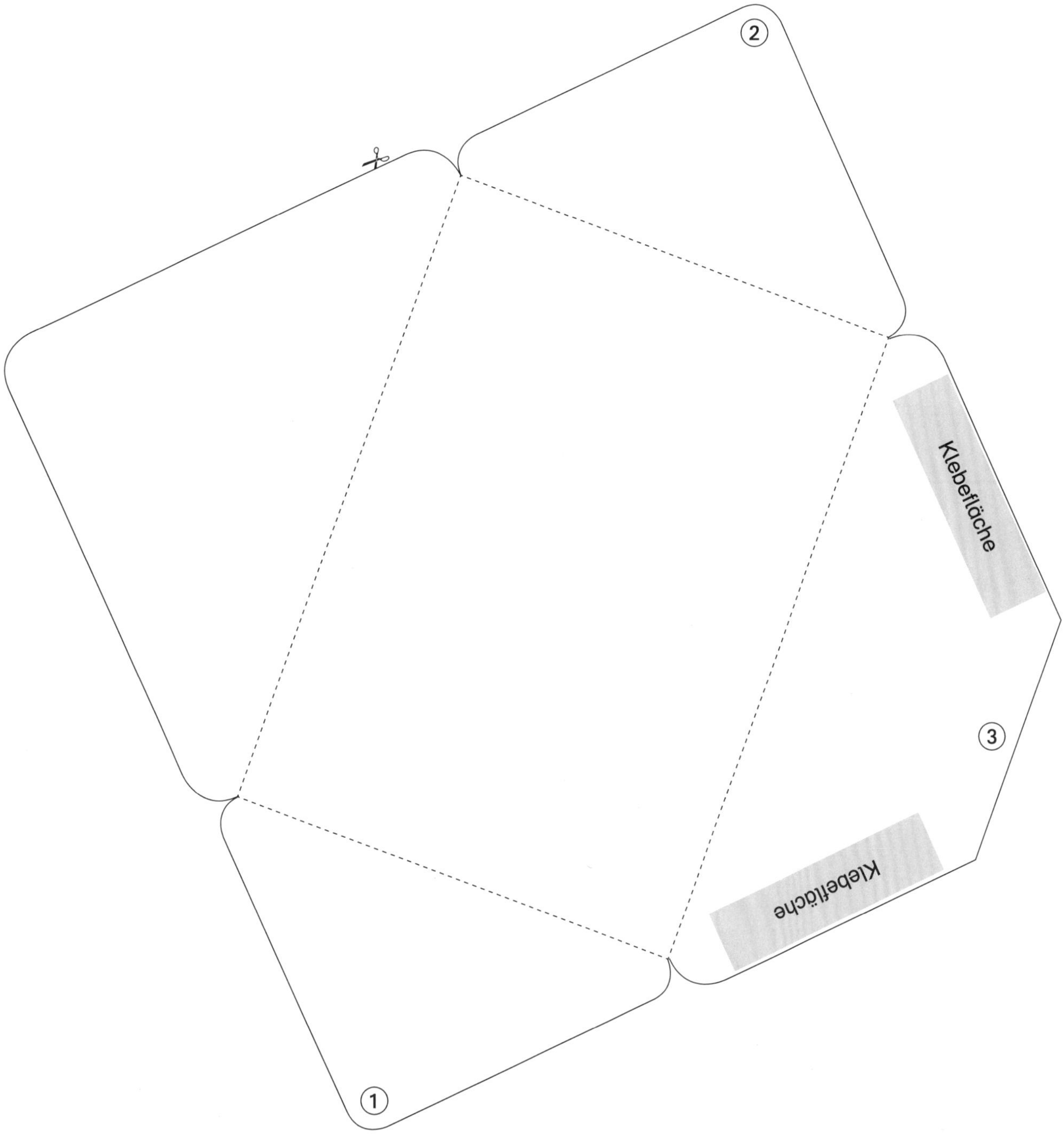

2

Klebefläche

3

Klebefläche

1

Luther erkannte im Studium der Römerbriefe etwas Wichtiges: Gott liebt die Menschen, ohne dass sie dazu etwas beitragen müssen. Menschen müssen Gottes Liebe nicht erkaufen, oder sie sich verdienen – Gott nimmt die Menschen so, wie sie sind.

Damals war die Kirche aber anderer Meinung. Menschen konnten sich von ihren Sünden mit einem Ablassbrief freikaufen.

 **Was hat Luther erkannt? Schreibe es in die Mitte.**

 **Schneide die Form aus und falte sie.**

Klebe sie auf dein Lapbook.

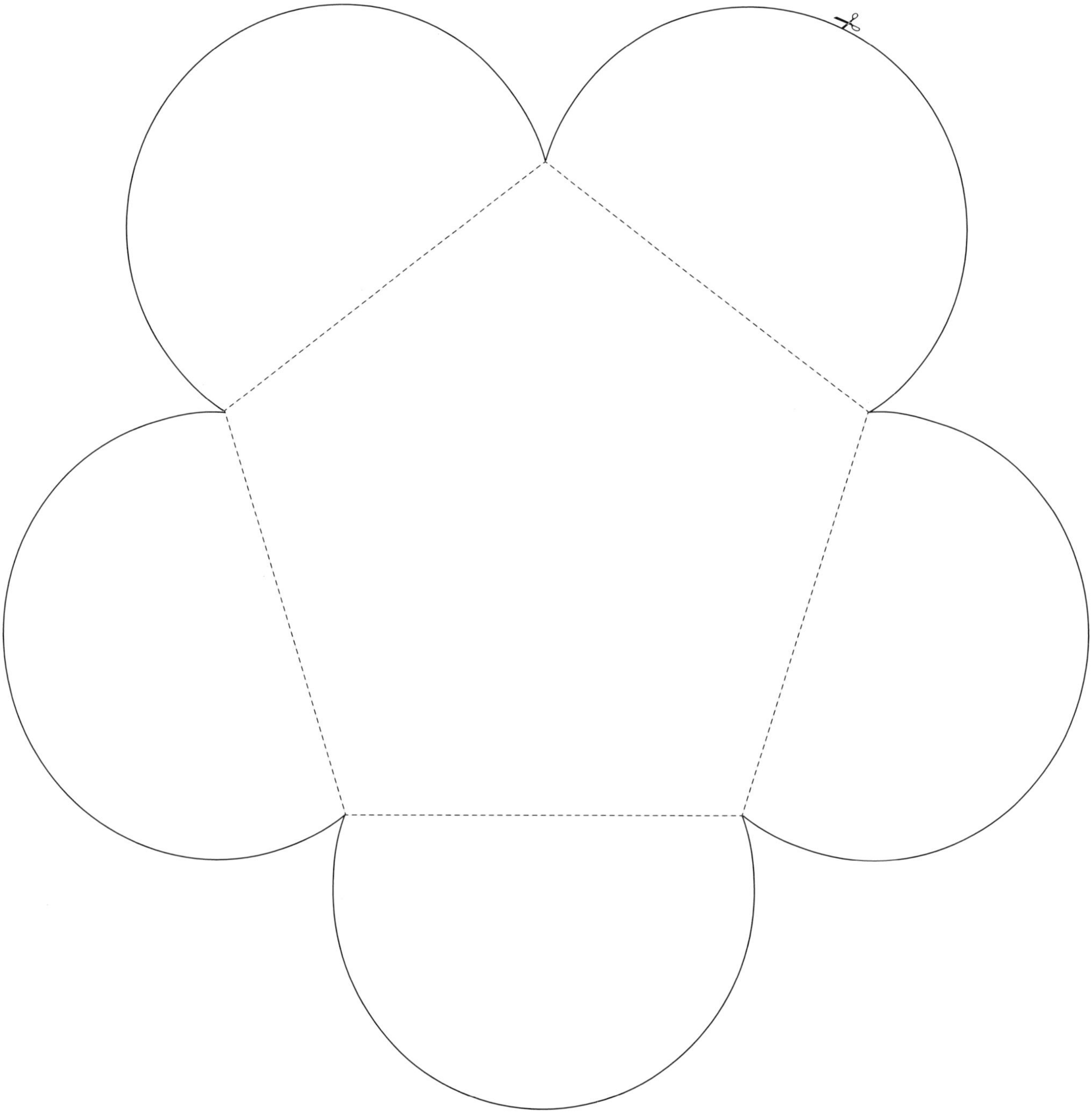

Der Kauf von Ablassbriefen war beim Volk beliebt. Man zahlte Geld an den Ablassprediger und wurde dafür von seinen Sünden freigesprochen. Mit dem Geld aus dem Ablasshandel wollte die Kirche unter anderem den Bau des Petersdoms in Rom finanzieren.

Dagegen wehrte sich Martin Luther. Am 31. Oktober 1517 veröffentlichte er 95 Thesen gegen die Missstände in der Kirche. Diese Behauptungen hat er an die Tür der Schlosskirche in Wittenberg genagelt. In den Thesen wendet er sich gegen die Angst vor dem Fegefeuer und ganz besonders gegen den Ablasshandel.

Schreibe wichtige Thesen Luthers auf die Schriftrollen.

Tipp: Du kannst die Thesen im Internet nachlesen.

Schneide die Rollen und die Schlosstür aus.

Hefte die Schriftrollen mithilfe von Musterklammern an die Tür.

Klebe die Tür auf dein Lapbook.

Aufgrund seiner Thesen wurde Luther aus der katholischen Kirche ausgeschlossen. Als Luther zu einem Verhör vor den Kaiser treten musste, forderte dieser, dass Luther alles zurücknehmen sollte.
Luther wollte aber nichts zurücknehmen. Der Kaiser wurde sehr wütend und erklärte Luther deshalb für „vogelfrei". Vogelfrei bedeutet, dass jeder Luther töten durfte und nicht dafür bestraft werden würde.
Von Freunden wurde Luther auf der Wartburg versteckt. Dort war er sicher. In dieser Zeit übersetzte er das Neue Testament aus der lateinischen in die deutsche Sprache. Gutenberg erfand in der Zeit den Buchdruck und die Bibel wurde auch in der deutschen Sprache gedruckt. So konnten alle Menschen die Bibel selbst lesen.

Schneide die Bibel aus.

Falte sie.

Schreibe in die Innenseite, warum die Übersetzung der Bibel so wichtig war.

Klebe die Bibel auf dein Lapbook.

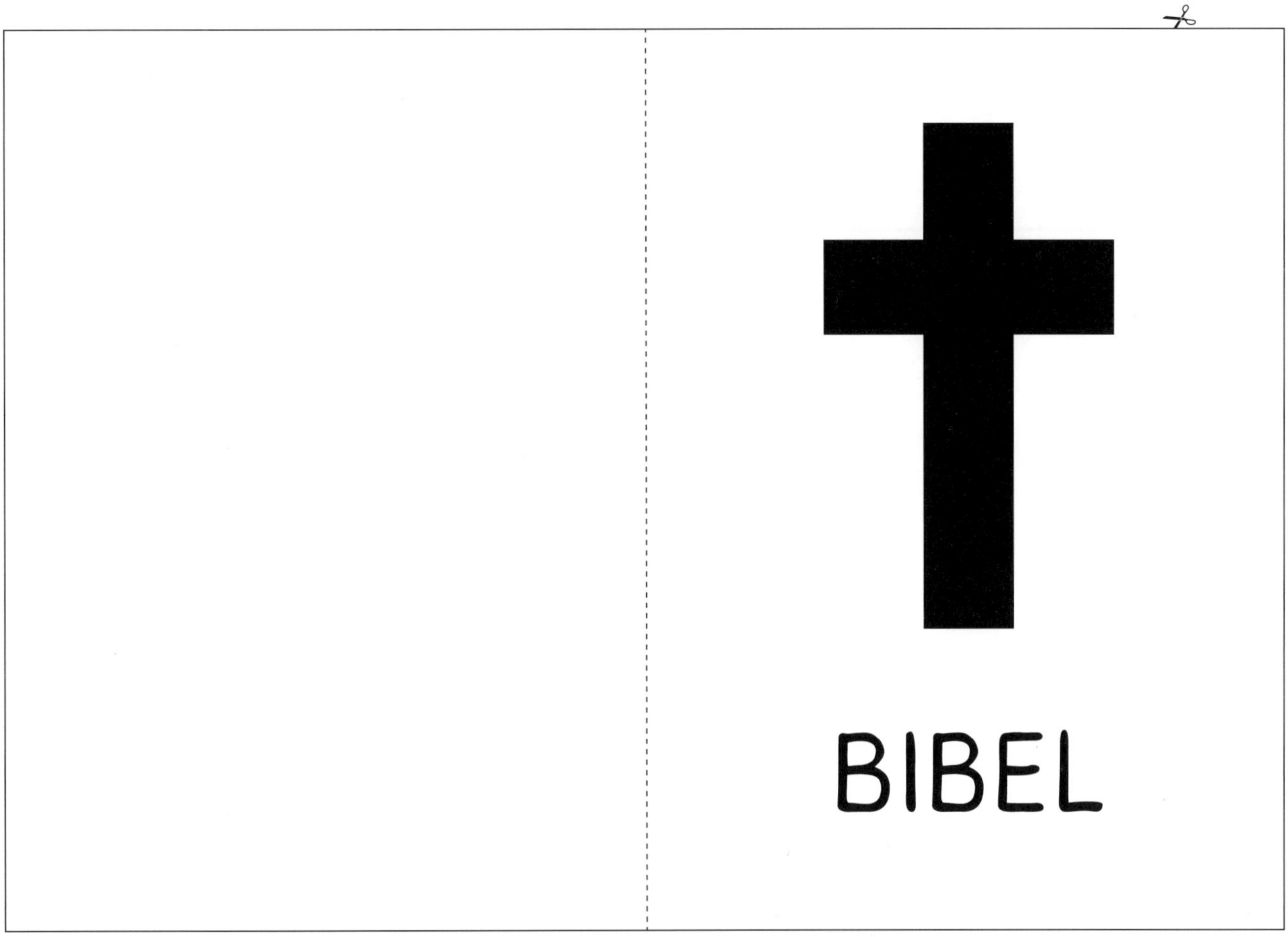

BIBEL

Aus dem Wappen seine Familie schuf Martin Luther die Lutherrose als Wahrzeichen seiner Lehre. Dieses Siegel besteht aus einem roten Herzen. Es steht dafür, dass die Botschaft Gottes mit dem Herzen und nicht mit dem Geist verstanden wird. Im Herzen ist ein schwarzes Kreuz abgebildet. Es soll an das Leben und Sterben von Jesus Christus erinnern.
Das rote Herz ist von einer weißen Rose eingeschlossen, was die Menschen daran erinnern soll, dass der Glaube Freude, Trost und Frieden gibt. Die Freude, die der Glauben bringt, im Himmel wie auf Erden, stellt die Farbe Himmelblau dar, die die weiße Rose umgibt. Der äußere goldene Ring soll darstellen, dass die Worte und die Güte Gottes ewig sind. Denn ein Ring hat keinen Anfang und kein Ende, ebenso wie Gottes Liebe keinen Anfang und kein Ende hat.

Male die Lutherrose in den richtigen Farben an.

Schneide sie aus und klebe sie auf dein Lapbook.

Gib der Rose eine Überschrift.

Die evangelische und die katholische Kirche haben viele Gemeinsamkeiten, es gibt aber auch einige Unterschiede.

Schneide die Karten und Taschen aus.

Klebe die Taschen auf dein Lapbook.

Sortiere die Karten in die richtigen Taschen.

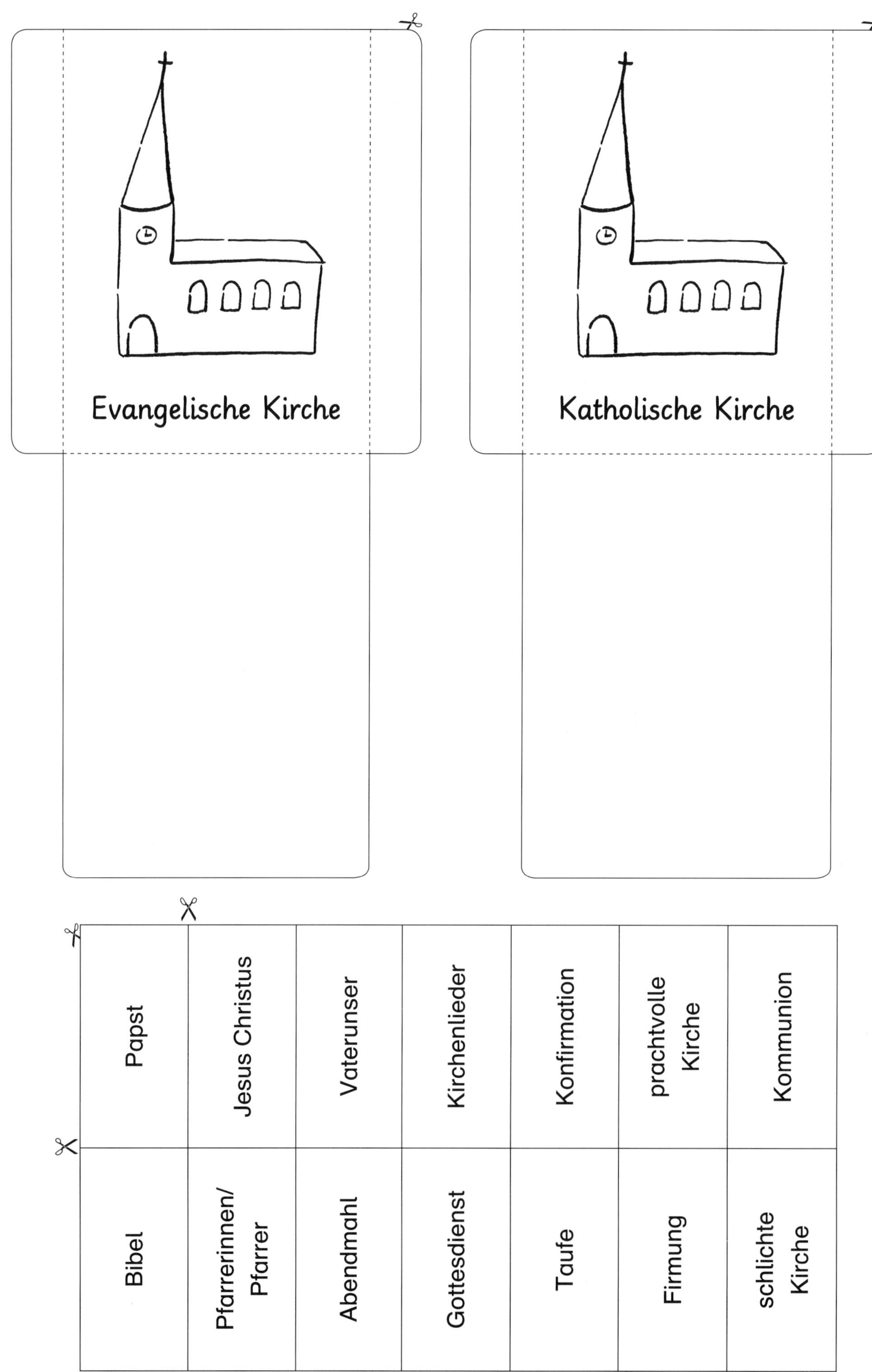
Evangelische Kirche
Katholische Kirche
Papst
Jesus Christus
Vaterunser
Kirchenlieder
Konfirmation
prachtvolle Kirche
Kommunion
Bibel
Pfarrerinnen/ Pfarrer
Abendmahl
Gottesdienst
Taufe
Firmung
schlichte Kirche

Das wichtigste Fest der Christen ist Ostern. Wir feiern die Auferstehung Jesu, nachdem er am Kreuz gestorben ist.

Schneide die Begriffe aus und ordne sie richtig den Feldern auf dem Kreis zu. Klebe sie auf den Kreis.

Schneide beide Kreise aus.

Hefte sie mit einer Musterklammer zusammen.

Klebe die Drehscheibe auf dein Lapbook.

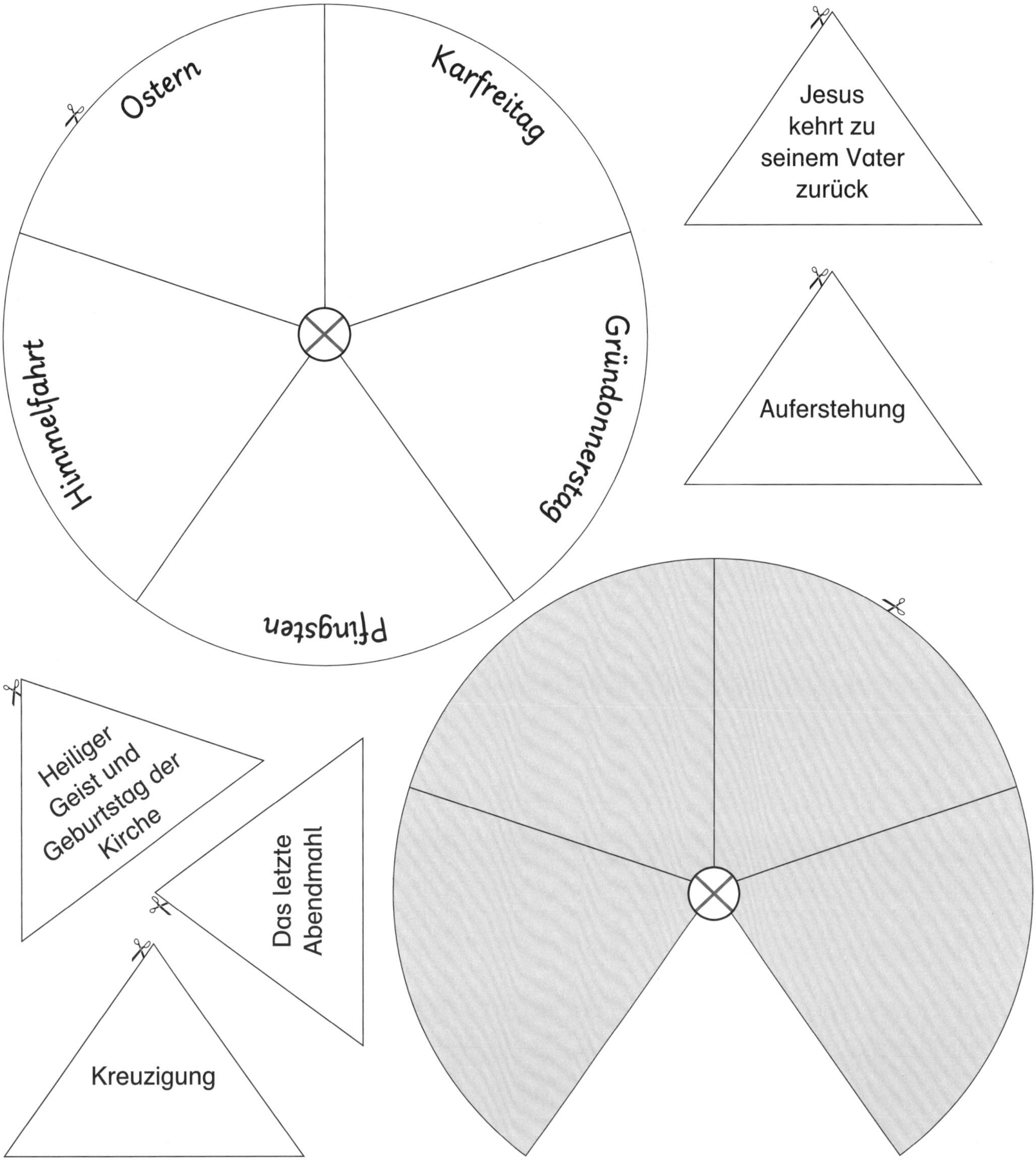

Ostern

Karfreitag

Gründonnerstag

Pfingsten

Himmelfahrt

Jesus kehrt zu seinem Vater zurück

Auferstehung

Heiliger Geist und Geburtstag der Kirche

Das letzte Abendmahl

Kreuzigung

Schneide das Heft aus.

Falte es.

Male zu jedem Teil der Ostergeschichte ein Bild.

Klebe das Heft auf den Lapbook.

Die Ostergeschichte

2

Jesus reitet auf einem Esel in die Stadt Jerusalem. Die Leute jubeln ihm zu.

3

Jesus feiert mit seinen Jüngern das letzte Abendmahl. Er sagt: „Einer von euch wird mich verraten.“ Jesus betet alleine im Garten.

Klebeseite

4

Soldaten kommen und verhaften Jesus. Judas hat ihn verraten.

5

Jesus muss selbst sein Kreuz auf einen Hügel tragen. Er stirbt am Kreuz.

6

Freunde von Jesus nehmen ihn vom Kreuz und legen ihn in ein Grab im Felsen.

7

Die Frauen kommen zu Jesus ans Grab. Das Grab ist leer. Jesus ist auferstanden.

Schau dir die Bilder an.
Wie geht es den Menschen?

Male sie in Gefühlsfarben an.

Schreibe einen Satz zu jedem Bild.

Schneide die Bilder aus und klebe sie auf dein Lapbook.

Viele Christen erinnern sich Pfingsten daran, dass Gott bei ihnen ist – als Heiliger Geist.

Schneide die Texte der Pfingstgeschichte aus.

Bringe sie in die richtige Reihenfolge.

Klebe sie zusammen.

Falte das Leporello und klebe es auf dein Lapbook.

Auch die Jünger waren in der Stadt. Sie trauten sich aber nicht hinauszugehen, sondern versteckten sich in einem Haus. Dort beteten sie und baten Jesus um Hilfe.

Klebefläche

An Pfingsten erinnern wir uns daran, dass Jesus den Heiligen Geist geschickt hat. Das Fest wird auch als Geburtstag der Kirche bezeichnet.

Klebefläche

Jesus' Freunde hatten Angst vor den Soldaten, die Jesus gefangen genommen hatten. Jesus hatte ihnen aber gesagt, er würde ihnen Kraft geben und seinen Geist senden.

Klebefläche

Zu dieser Zeit war in Jerusalem das Pfingstfest und viele Menschen waren auf den Straßen. Damals war Pfingsten noch ein Erntefest.

Klebefläche

Die Nachricht verbreitete sich wie ein Lauffeuer und auch Menschen mit verschiedenen Sprachen verstanden sich. Viele Menschen ließen sich taufen, sie wollten zu Jesus gehören.

Klebefläche

Jetzt hatten die Jünger Mut, rissen die Türen auf und stürmten hinaus. Sie gingen unter die Menschen und erzählten ihnen von der guten Nachricht, dass Jesus lebe.

Klebefläche

Jesus erschien seinen Jüngern immer wieder nach seinem Tod. Bevor er in den Himmel auffuhr, sagte er seinen Jüngern, sie sollen allen Menschen erzählen, dass er wieder auferstanden sei.

Klebefläche

Die Angst der Jünger wurde immer kleiner und plötzlich wurde es ganz hell in dem Raum und ein Licht erstrahlte. Die Kraft Gottes begann das Haus zu erfüllen und ein neuer Geist erwachte.

Klebefläche

Christen danken Gott am 1. Sonntag im Oktober mit dem Erntedankfest für die Schöpfung und für die Gaben, die wir aus der Natur erhalten.

Für welche Speisen möchtest du Gott danken?

Schreibe sie auf den Teller.

Schneide den Teller, das Messer und die Gabel aus und klebe sie auf dein Lapbook.

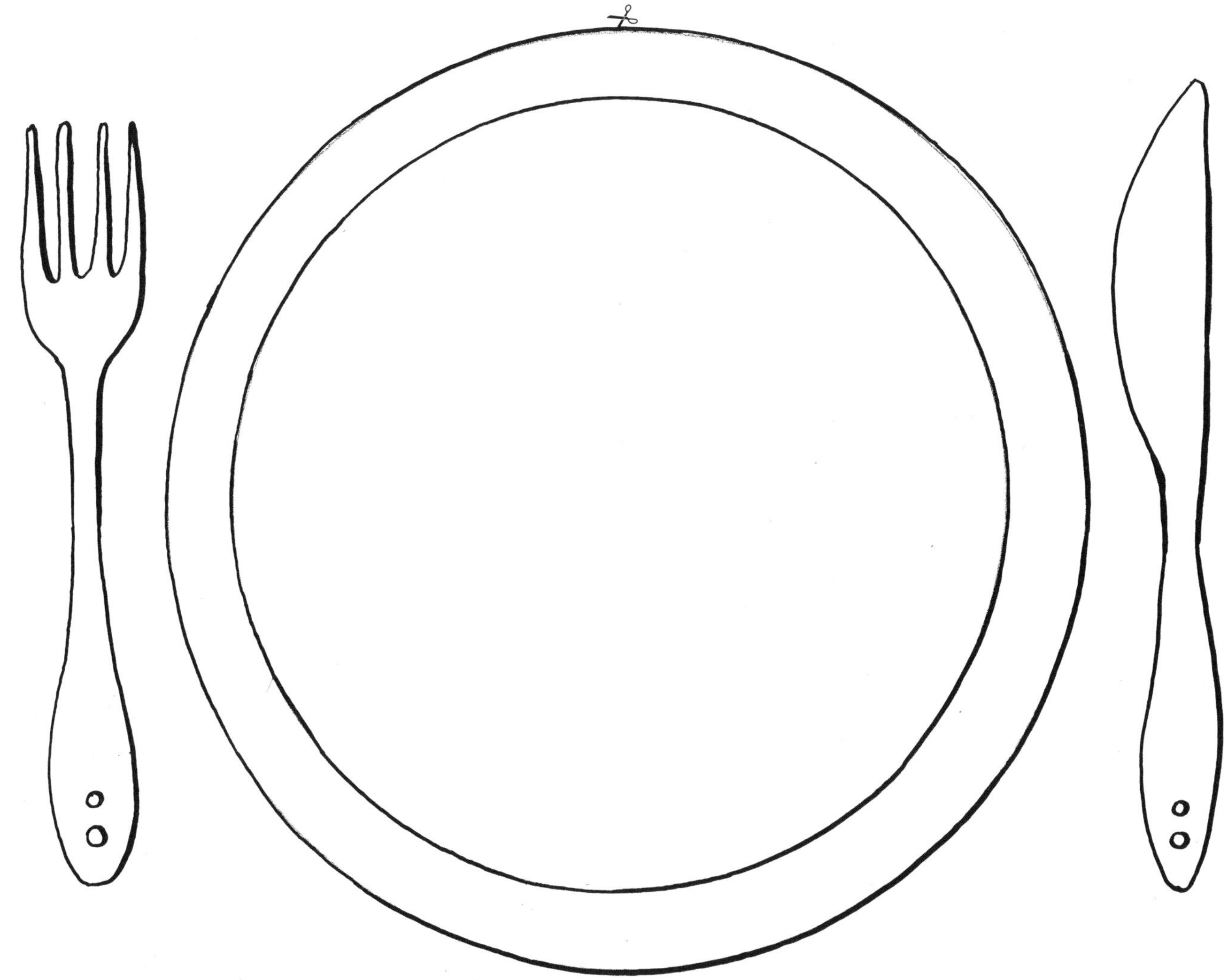

 **Schneide alle Kärtchen und Bilder aus.**

 **Klebe den Psalm auf dein Lapbook.**

Was können wir von den Bäumen, Feldern und Sträuchern ernten?

  **Schreibe es auf die Innenseite der Blätter, Kartoffeln und Beeren und klebe sie zum Psalm.**

Psalm 65,12: Du schenkst eine reiche und gute Ernte – die Krönung des ganzen Jahres.

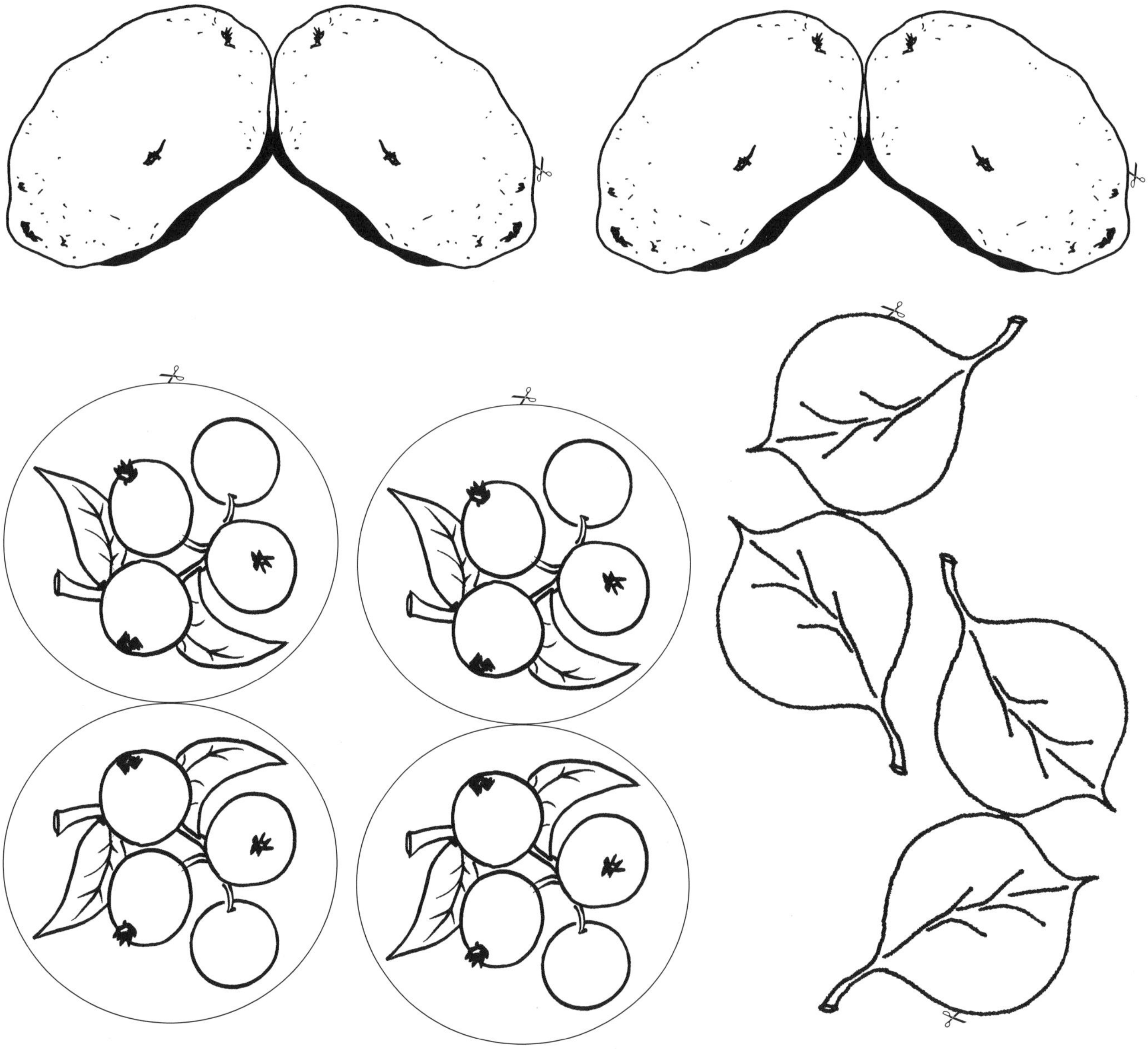

Nicht nur für katholische Christen ist Sankt Martin ein großes Vorbild: Den Heiligen ehren auch viele andere Menschen am Martinstag.

Nimm dir für das Pferd zwei braune Blätter Papier. Falte beide nach der Anleitung und Klebe sie zusammen.

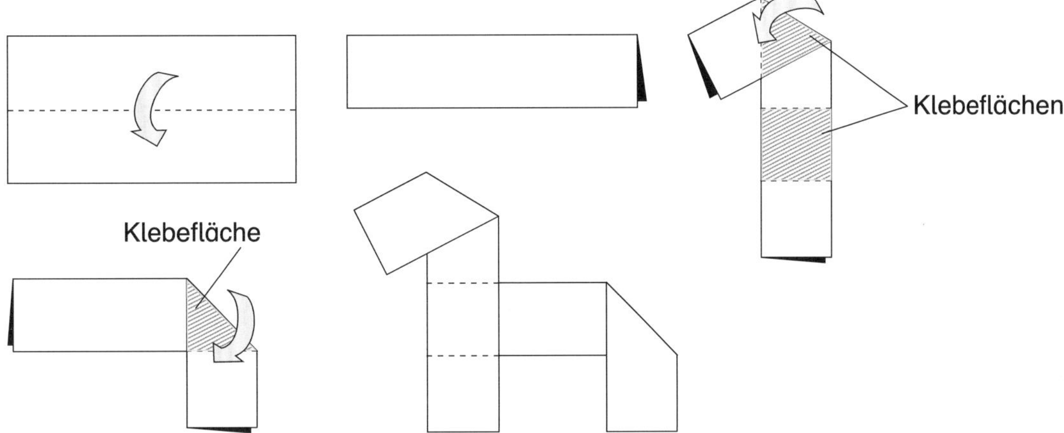

Nimm dir für Sankt Martin ein rotes Blatt Papier. Falte seinen Körper nach der Anleitung. Klebe ihm Kopf, Helm und Schwert an den Körper.

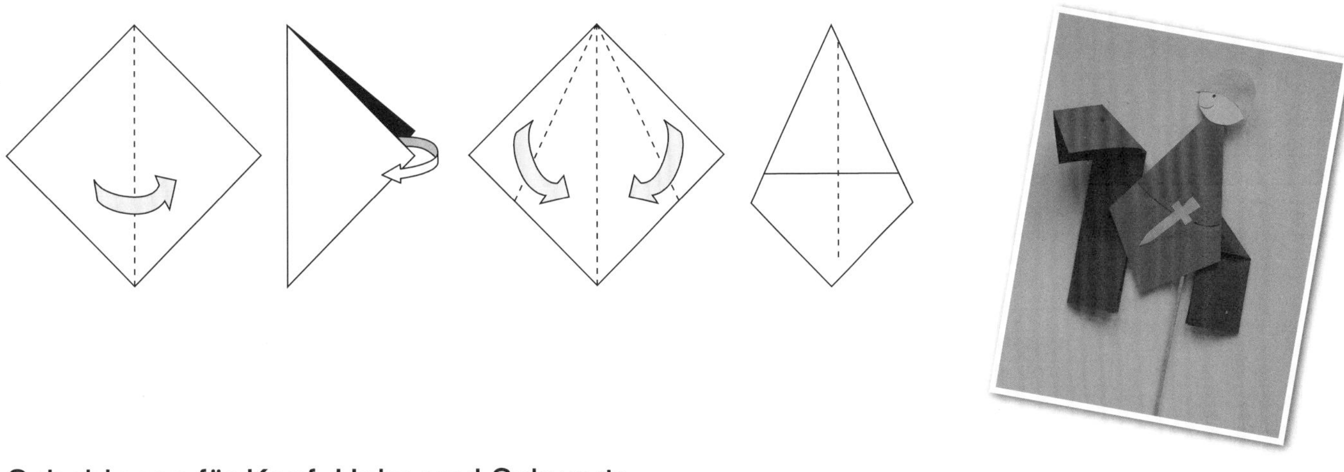

Schablonen für Kopf, Helm und Schwert:

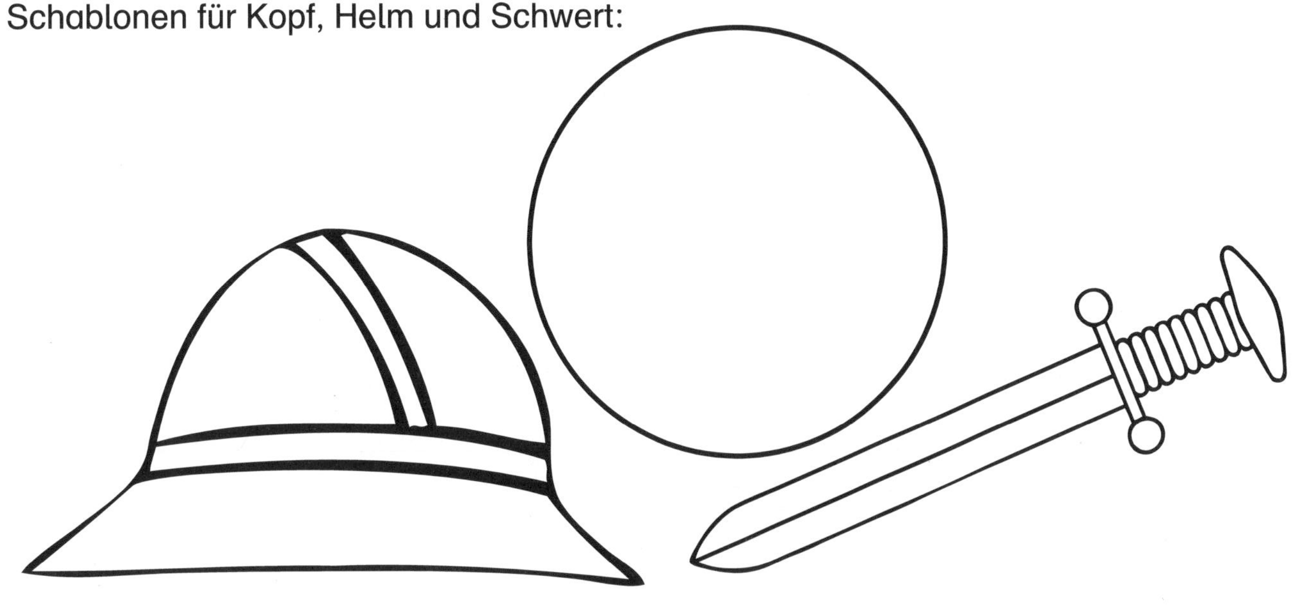

Hast du schon mal jemandem geholfen?

Schreibe es auf den Körper von St. Martin.

Klebe St. Martin auf dein Lapbook.

Schneide die Textkärtchen aus und klebe die Geschichte von St. Martin in der richtigen Reihenfolge auf dein Lapbook.

Martin nahm sein Schwert, legte seinen Mantel ab und teilte ihn.	Martin träumte von Jesus. Jesus lobte Martin für das, was er getan hatte.
Martin sollte viele Jahre später Bischof werden. Er wollte dies nicht und versteckte sich bei seinen Gänsen.	Im Schnee saß ein armer Mann. Er hatte kaum etwas an und fror sehr stark.
Es war Winter. Es schneite. Martin ritt auf seinem Pferd durch die Kälte.	Die Gänse verrieten ihn, weil sie laut schnatterten. Nun wurde Martin doch Bischof.
Eine Hälfte gab er dem armen Mann. Dieser legte den Mantel um. Der Mantel wärmte den Mann.	

Schneide die Textkarten der Weihnachtsgeschichte aus.

Nimm dir eine Schnur und für jede Karte eine Wäscheklammer.
Hefte die Texte in der richtigen Reihenfolge an die Schnur.

Klebe die Schnur auf dein Lapbook.

Draußen auf dem Feld sind die Hirten. Sie passen in der Nacht auf die Schafe auf.	Kaiser Augustus sagte: „Alle Menschen, die in meinem Reich leben, müssen aufgeschrieben werden. Jeder muss in seine Heimatstadt gehen.“
In Bethlehem ist für Josef und Maria kein Platz in der Herberge. Sie müssen in einem Stall schlafen. Dort bekommt Maria ihr Kind, einen Sohn. Sie gibt ihm den Namen Jesus und wickelt ihn in Windeln. Sie legt ihn in eine Futterkrippe.	In einem fernen Land leben kluge Männer. Man nennt sie „die Weisen aus dem Morgenland“. Jede Nacht blicken sie zu den Sternen auf. Auf einmal entdecken sie einen neuen Stern. Was hat das zu bedeuten?
Auf einmal sind da noch viel mehr Engel. Sie singen: „Ehre sei Gott in der Höhe und Frieden auf Erden! Gott hat die Menschen lieb.“	Sie gehen hinein. Sie finden Jesus mit seiner Mutter Maria. Sie knien vor Jesus nieder. Sie haben Geschenke mitgebracht. Es sind kostbare Geschenke, wie für einen König. Sie schenken dem Kind Gold, Weihrauch und Myrrhe.
Die Hirten kommen zum Stall. Sie sehen Maria und Josef. Sie finden das Kind in der Krippe. Die Hirten erzählen, was der Engel zu ihnen gesagt hat: „Das Kind ist der Heiland!“ Dann gehen sie wieder zu ihren Schafen. Sie loben und preisen Gott.	Dann sind die Engel wieder fort. Die Hirten gehen nach Bethlehem. Sie haben es eilig. Sie wollen den Heiland sehen.
Josef wohnt in der Stadt Nazareth. Seine Heimatstadt ist Bethlehem, also muss er nach Bethlehem gehen. Der Weg ist weit. Er nimmt seine Frau Maria mit. Maria erwartet ein Kind.	Sie machen sich auf den Weg. Sie folgen dem Stern. Der Stern führt sie nach Bethlehem. Über dem Stall bleibt er stehen. Sie freuen sich. Sie sind am Ziel.
Plötzlich steht bei ihnen ein Engel. Er leuchtet ganz hell. Die Hirten erschrecken. Sie haben große Angst. Der Engel sagt: „Fürchtet euch nicht! Ich bringe euch große Freude. Der Heiland ist geboren. Heute, in Bethlehem. Geht und sucht ihn! Er liegt als Kind in einer Krippe, in Windeln gewickelt.“	

Ein Engel erscheint den Hirten auf dem Feld.

Male die Hirten auf dein Lapbook.

  **Bastele den Engel und klebe ihn dazu.**

Welche Botschaft erhalten die Hirten?

 **Schreibe es auf den Engel.**

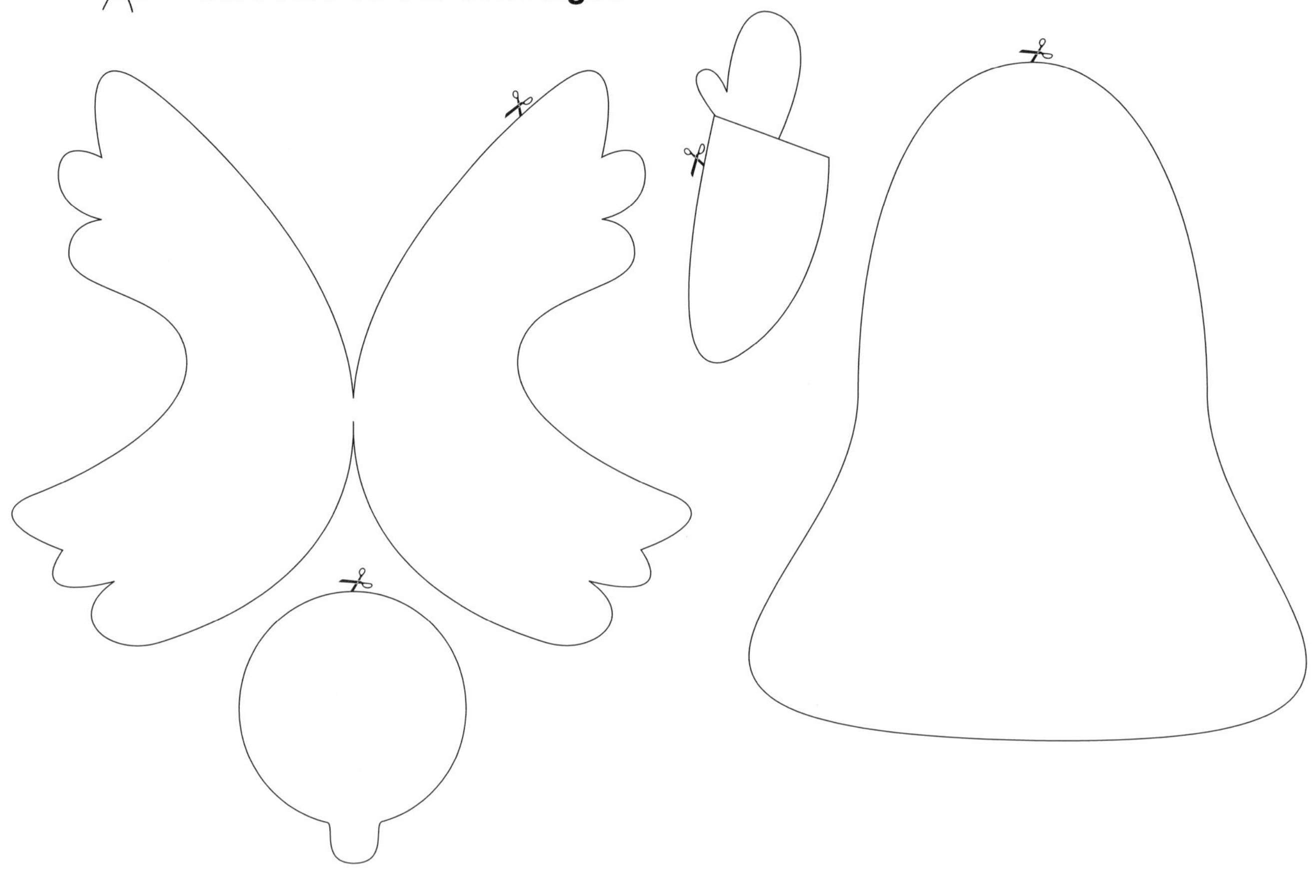

Warum wird Jesus als „Licht der Welt“ bezeichnet?

 **Schreibe es auf die Sternschnuppe.**

  **Schneide sie aus und klebe sie auf dein Lapbook.**

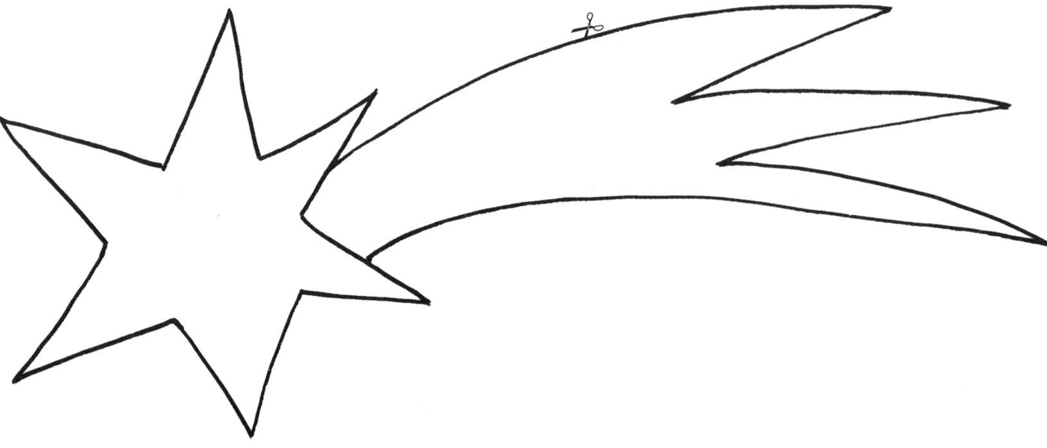

 **Schneide die Psalmen aus.**

 **Male zu jedem Psalm ein Bild.**

 **Klebe sie auf dein Lapbook.**

Wie kannst du ein Licht für andere sein?

 **Schreibe es auf die Kerzen.**

  **Schneide sie aus und klebe sie auf dein Lapbook.**

	Der Herr ist mein Licht und mein Heil; vor wem sollte ich mich fürchten? (Psalm 27,1)
	Denn bei dir ist die Quelle des Lebens, in deinem Licht schauen wir das Licht. (Psalm 36,10)
	Du hüllst dich in Licht wie in ein Kleid, du spannst den Himmel aus wie ein Zelt. (Psalm 104,2)

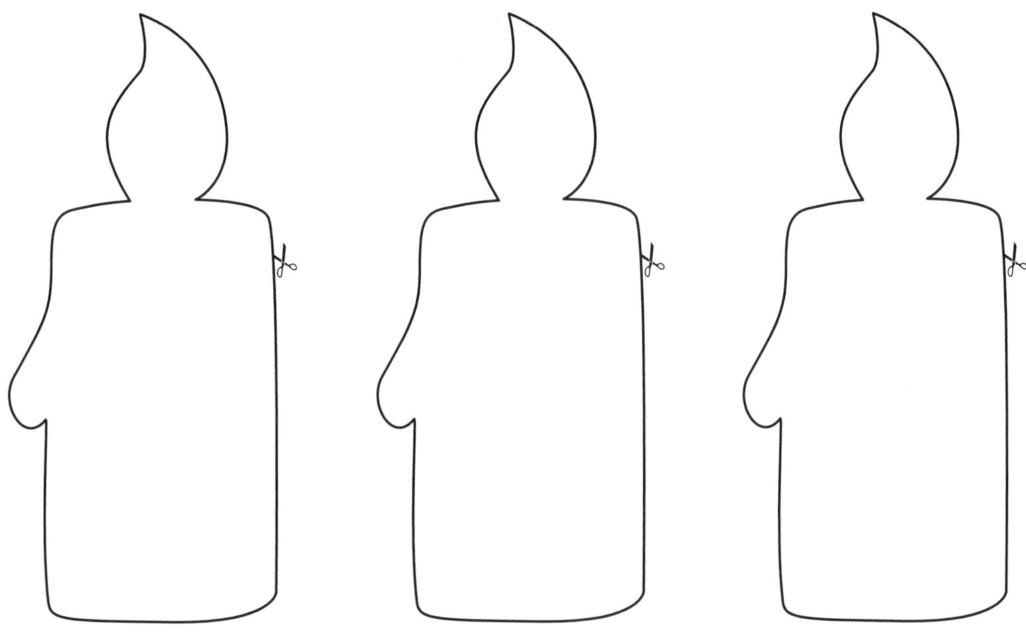

Quelle: Luther Bibel (Exodus), revidierter Text 1984, durchgesehene Ausgabe © 1999
Deutsche Bibelgesellschaft, Stuttgart (www.bibelwissenschaft.de)

Schneide die Streifen aus.

Klebe sie in der richtigen Reihenfolge zusammen.

Falte das Leporello.

Klebe es auf dein Lapbook.

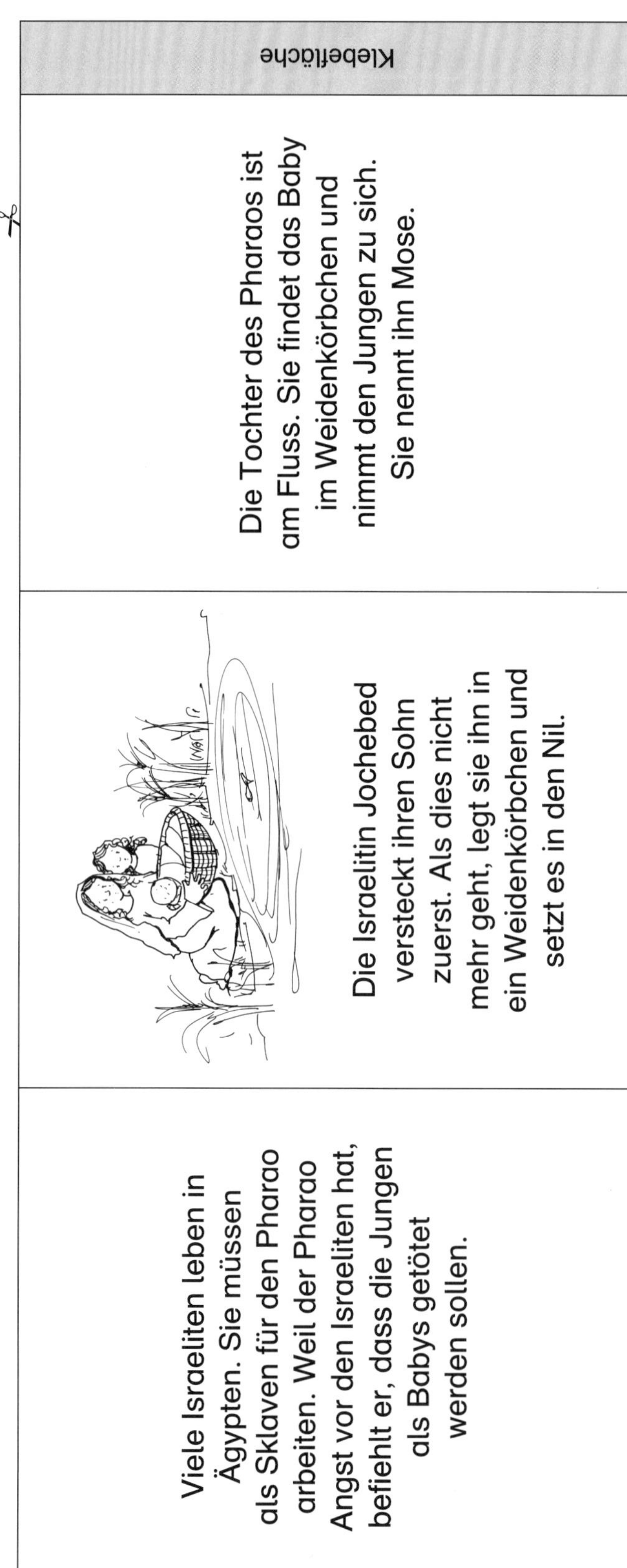

Viele Israeliten leben in Ägypten. Sie müssen als Sklaven für den Pharao arbeiten. Weil der Pharao Angst vor den Israeliten hat, befiehlt er, dass die Jungen als Babys getötet werden sollen.

Die Israelitin Jochebed versteckt ihren Sohn zuerst. Als dies nicht mehr geht, legt sie ihn in ein Weidenkörbchen und setzt es in den Nil.

Die Tochter des Pharaos ist am Fluss. Sie findet das Baby im Weidenkörbchen und nimmt den Jungen zu sich. Sie nennt ihn Mose.

Klebefläche

Mose wächst im Palast auf. Als Mose sieht, wie schlecht die Israeliten behandelt werden, wird er wütend und erschlägt einen Aufseher.

Mose muss fliehen. Er flieht nach Midian und hütet dort Schafe. Er ist nun ein Hirte und heiratet Zippora.

Am Berg Sinai sieht Mose eines Tages einen brennenden Dornbusch. Er brennt, verbrennt aber nicht. Gott spricht aus dem Busch zu ihm. Gott sagt: „Ich bin der Ich-bin-da“. Mose soll sein Volk aus Ägypten holen. Gott gibt Mose einen Stab.

Klebefläche

Mose geht zurück nach Ägypten. Er trifft seinen Bruder Aaron. Zusammen gehen sie zum Pharao. Der Pharao weigert sich, die Israeliten gehen zu lassen.

Gott schickt 10 Plagen über Ägypten. 1 – Blut im Nil; 2 – Frösche; 3 – Stechmücken; 4 – Ungeziefer; 5 – Viehsterben; 6 – Geschwüre; 7 – Hagel; 8 – Heuschrecken; 9 – drei Tage Finsternis; 10 – Tod der Erstgeborenen.

Der älteste Sohn des Pharaos stirbt auch. Nun lässt der Pharao die Israeliten gehen. Die Israeliten nehmen alles, was sie besitzen, und ziehen durch die Wüste zum Berg Sinai. Gott zeigt ihnen den Weg.

Klebefläche

Der Pharao will die Israeliten zurückholen. Er schickt seine Männer. Die Israeliten können nicht fliehen, denn sie stehen an einem Meer. Mose teilt das Meer mit seinem Stab und die Israeliten können fliehen.

Am Berg Sinai angekommen, steigt Mose auf den Berg. Er bekommt von Gott die 10 Gebote. 40 Tage bleibt er auf dem Berg.

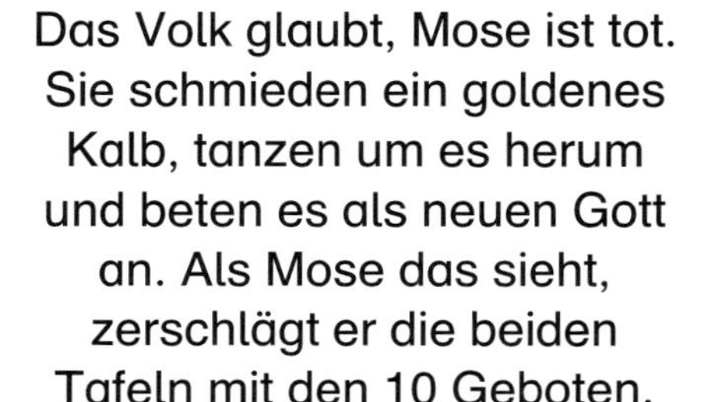

Das Volk glaubt, Mose ist tot. Sie schmieden ein goldenes Kalb, tanzen um es herum und beten es als neuen Gott an. Als Mose das sieht, zerschlägt er die beiden Tafeln mit den 10 Geboten.

Klebefläche

Mose bittet Gott um Vergebung. Gott verzeiht ihm und gibt ihm zwei neue Tafeln. Diese bewahren die Israeliten in einer besonderen Truhe auf.

Die Israeliten müssen noch 40 Jahre durch die Wüste ziehen, dann kommen sie in Kanaan an – dem Gelobten Land.

Der Pharao hat Angst, dass es zu viele Israeliten in Ägypten geben wird. Er gibt den Befehl, alle Erstgeborenen zu töten. Jochebed setzt ihren Sohn in einem Körbchen im Nil aus.

 **Schneide das Körbchen aus.**

 **Male Mose hinein.**

Wie hat sich seine Mutter gefühlt, als sie Mose in den Nil setzte?

 **Schreibe es in das Körbchen neben Mose.**

Klebe das Körbchen auf dein Lapbook.

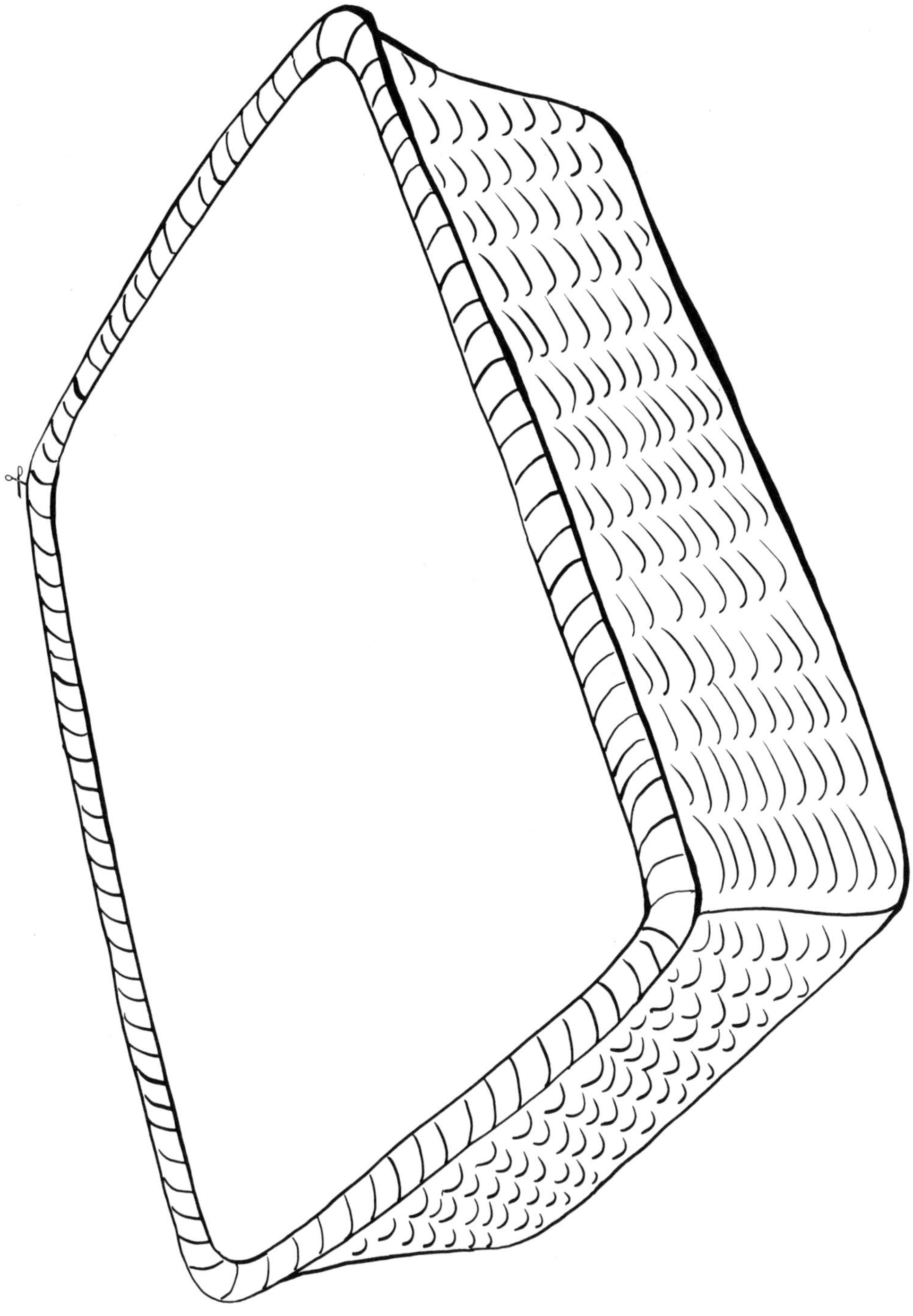

Mose wächst im Palast auf. Als er sieht, wie schlecht die Israeliten behandelt werden, wird er wütend und erschlägt einen Aufseher. Mose muss fliehen. Er flieht nach Midian und hütet dort Schafe. Er ist nun ein Hirte und heiratet Zippora.
Am Berg Sinai sieht Mose eines Tages einen brennenden Dornbusch. Er brennt, verbrennt aber nicht. Gott spricht aus dem Busch zu Mose. Mose soll sein Volk aus Ägypten holen. Mose fragt Gott nach seinem Namen. Gott antwortet: „Ich bin der ‚Ich-bin-da'."

 **Schneide den brennenden Dornbusch aus.**

  **Male ihn an und klebe ihn auf dein Lapbook.**

Beantworte die Fragen.

 **Schreibe die Antworten auf dein Lapbook rund um den Dornbusch.**

1. Mose fragt Gott nach seinem Namen. Was antwortet Gott?
2. Gott ist immer für Mose da. In welchen Teilen der Mose-Geschichte ist Gott da? Beende den Satz.

   Gott ist bei Mose und seinem Volk …
3. Mose geht zurück nach Ägypten und denkt über Gott nach. Was hat er über ihn erfahren? Schreibe seine Gedanken auf.
4. Warst du auch schon mal mutig und musstest eine schwierige Aufgabe schaffen?

Der Pharao unterdrückt die Israeliten im Land. Er will auch ihre Flucht verhindern. Daraufhin schickt Gott zehn Plagen.

 **Schneide die Textkarten aus.**

 **Male passende Bilder mit Wachsmalstiften auf die leeren Karten.**

Nimm dir eine Schnur und für jede Karte eine Wäscheklammer. Hefte die Bilder und Texte in der richtigen Reihenfolge an die Schnur.

Klebe die Schnur auf dein Lapbook.

Die erste Plage: Das Wasser des Nils wird zu Blut.	

Die zweite Plage: Frösche bedecken das gesamte Land.	

Die dritte Plage: Stechmücken plagen Menschen und Tiere.	

Die vierte Plage: In jedes Haus dringt Ungeziefer ein.	

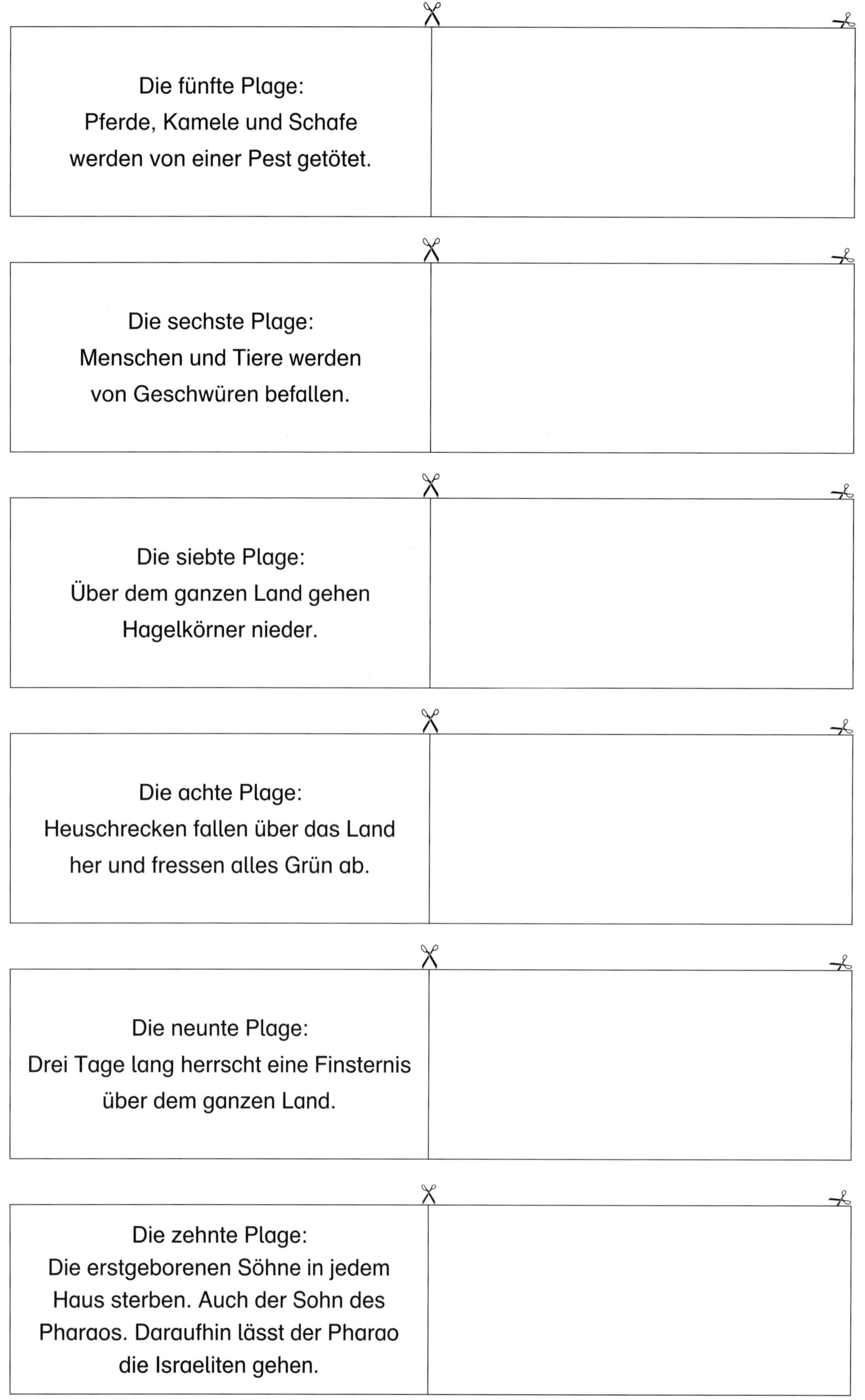

Die fünfte Plage: Pferde, Kamele und Schafe werden von einer Pest getötet.	
Die sechste Plage: Menschen und Tiere werden von Geschwüren befallen.	
Die siebte Plage: Über dem ganzen Land gehen Hagelkörner nieder.	
Die achte Plage: Heuschrecken fallen über das Land her und fressen alles Grün ab.	
Die neunte Plage: Drei Tage lang herrscht eine Finsternis über dem ganzen Land.	
Die zehnte Plage: Die erstgeborenen Söhne in jedem Haus sterben. Auch der Sohn des Pharaos. Daraufhin lässt der Pharao die Israeliten gehen.	

Der Pharao will die Israeliten zurückholen. Er schickt seine Männer. Die Israeliten können nicht fliehen, denn sie stehen an einem großen Meer. Sie haben große Angst. Mose teilt das Meer mit seinem Stab und die Israeliten können fliehen.

Schneide die Form aus.

Falte sie.
Klappe die Seitenlaschen wieder auf.

Male Mose und sein Volk, wie sie durch das Wasser gehen.

Warum konnten die Israeliten durch das Meer fliehen?

Schreibe es auf die Innenseiten der Laschen.

Auf dem Berg Sinai erhält Mose die zehn Gebote von Gott.

 **Schneide die Tafeln aus und falte sie.**

Ordne die Gebote richtig zu.
Schaue dazu in der Bibel nach unter: 2. Buch Mose (Exodus) 20,1.

Klebe die Gebote in die Tafeln ein.

Klebe die zehn Gebote auf dein Lapbook.

Welche Regeln kennst du von Zuhause oder aus der Schule?

 **Schreibe sie um die Gesetzestafeln.**

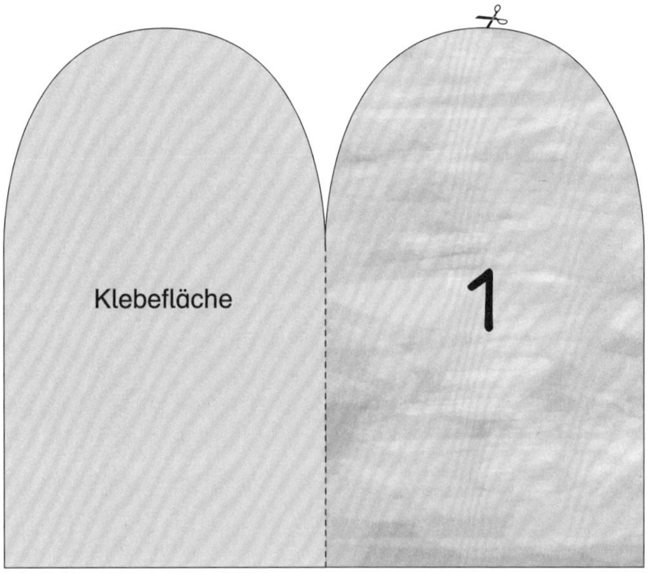

Klebefläche

1

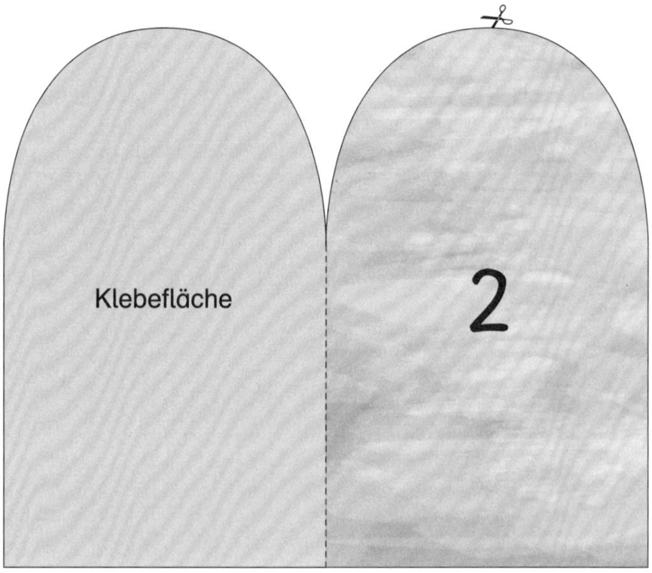

Klebefläche

2

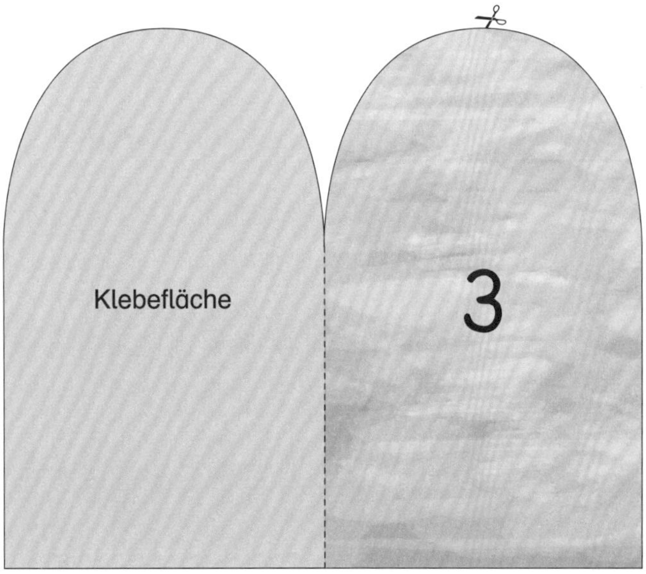

Klebefläche

3

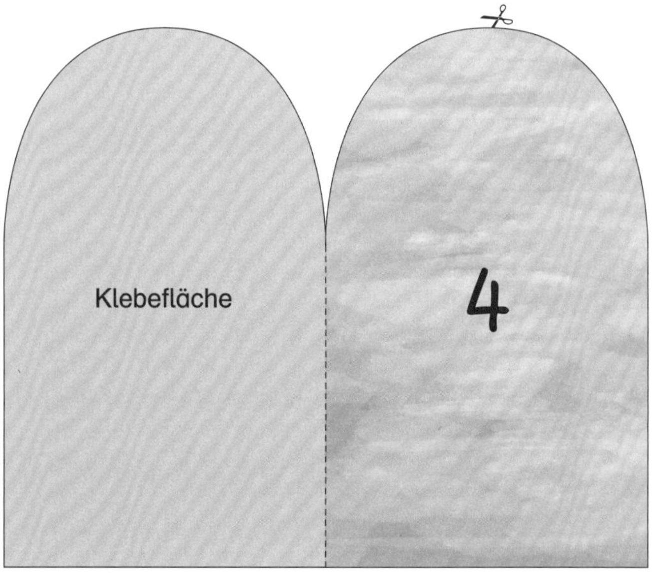

Klebefläche

4

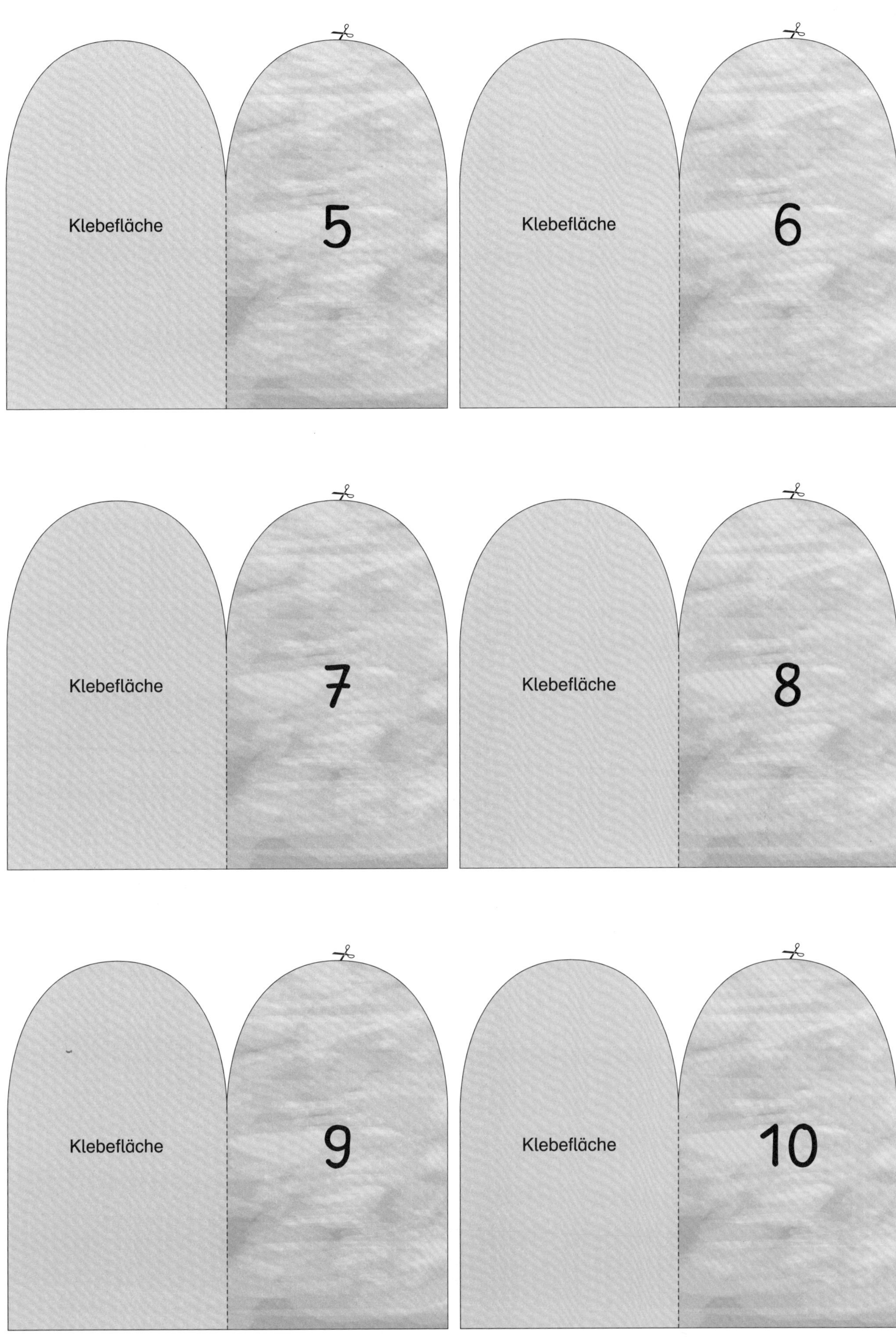
Klebefläche
5
Klebefläche
6
Klebefläche
7
Klebefläche
8
Klebefläche
9
Klebefläche
10

Du sollst nicht andere Götter haben neben mir.

Du sollst dir kein Bildnis von Gott machen.

Du sollst den Namen Gottes nicht missbrauchen.

Du sollst den Feiertag heiligen.

Du sollst deinen Vater und deine Mutter ehren.

Du sollst nicht töten.

Du sollst nicht Ehe brechen.

Du sollst nicht stehlen.

Du sollst nicht lügen.

Du sollst nicht begehren deines Nächsten Hab und Gut.

Klebefläche

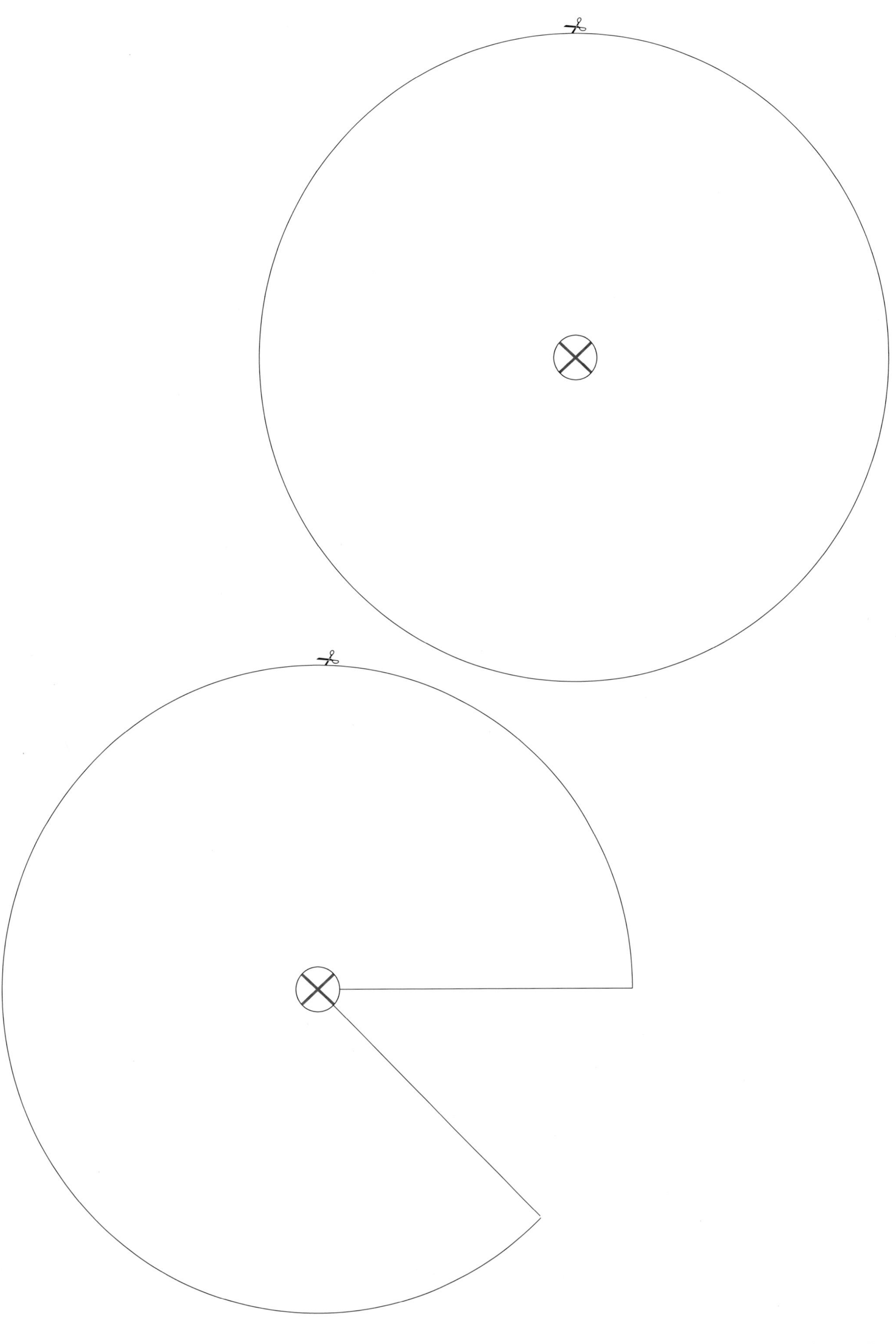

Name: ______________________ Klasse: _________ Datum: _________________

Wir erstellen ein Lapbook zu einem selbst gewählten Thema

	3 Punkte	2 Punkte	1 Punkt	0 Punkte
1. Inhalt				
Du kennst dich mit dem Thema gut aus.				
Du stellst die Sachverhalte richtig dar.				
Du verwendest Fachbegriffe.				
Die anderen Kinder lernen etwas durch dein Lapbook.				
2. Gestaltung				
Dein Lapbook macht neugierig.				
Du hast sauber geschnitten, geschrieben und geklebt.				
Dein Lapbook ist gut gegliedert.				
3. Präsentation				
Deine Präsentation ist anschaulich.				
Du hast laut und deutlich gesprochen.				
4. Sonstiges				
Du hast dich nicht ablenken lassen und konzentriert gearbeitet.				
Gesamtergebnis				

Male die erledigten Aufgaben an.

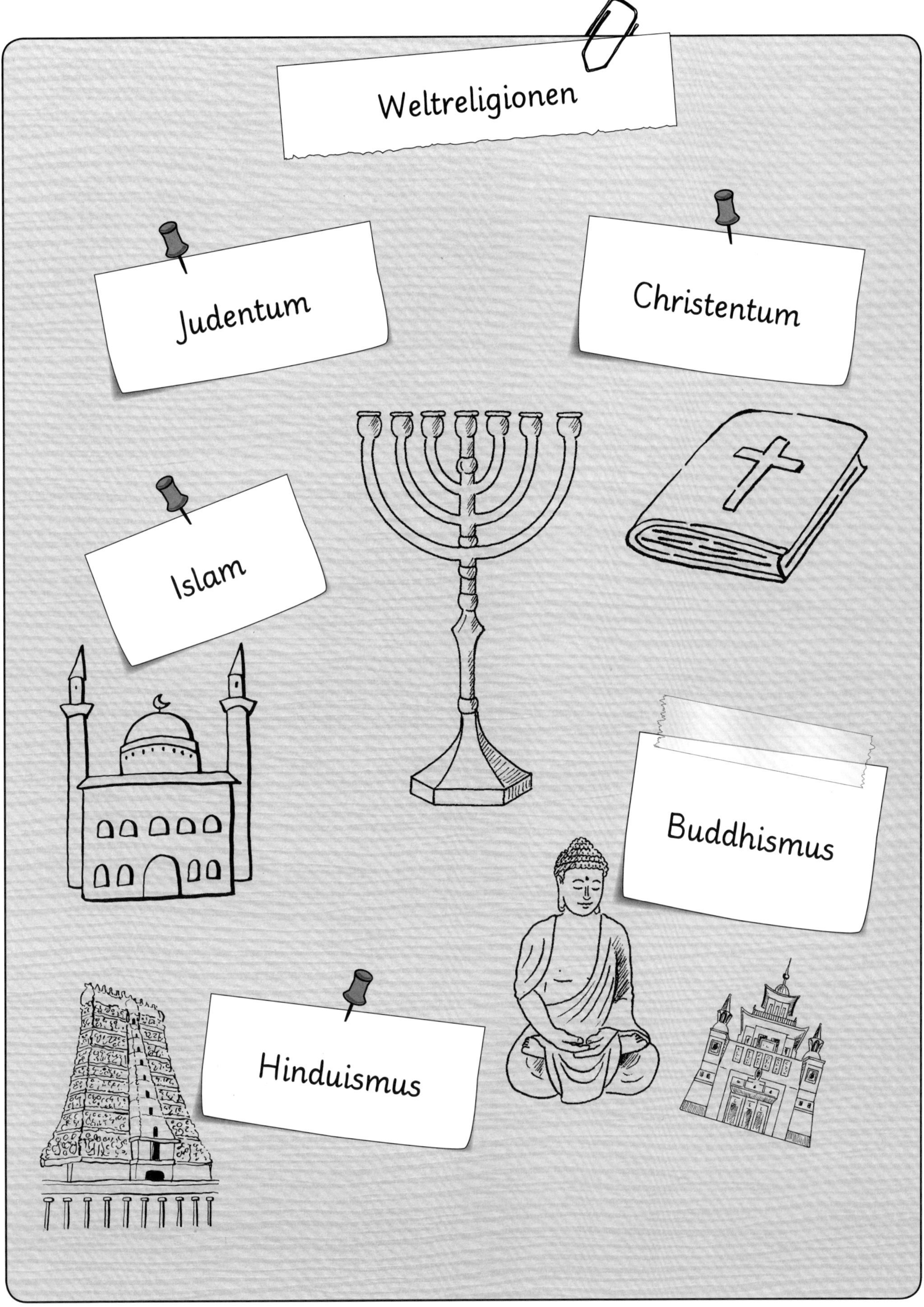

Male die erledigten Aufgaben an.

Male die erledigten Aufgaben an.

Male die erledigten Aufgaben an.

Male die erledigten Aufgaben an.

Male die erledigten Aufgaben an.